サッカーで子どもがみるみる変わる7つの目標《ビジョン》

サッカーで子どもがみるみる変わる７つの目標《ビジョン》 CONTENTS

プロローグ　大人が変われば子どもが変わる、日本代表が変わる……6

1 頭のいい子に変える……13

日常の指導が「指示命令の連続」になっていませんか？

「どうしたらいいかな?」問いかけて、考える力と自発性を育みましょう

答えを与えるのではなく、作り出せるよう導きましょう

2 話を聞ける子に変える……51

「わかった？　本当にわかった？」と念押しばかりしていませんか？

子どもの脳は大人の小言や罵声を受け付けません

伝えたいときは、まず子どもの話を聞く。すると、自然に心はこちらを向きます

「キャッチボール対話」のできる大人になりましょう

3 チームプレーのできる子に変える……79

「ドリブルを始めたら止まらない」エースばかり育ててはいませんか？

ドリブルは重要なスキルですが、「仲間を感じる」練習や指導がいまの世界基準の育成法

「個を伸ばす集団」を作りましょう

4 走れる子に変える……103

運動量の少ない選手を「体力がない」「根性がない」と決めつけていませんか？

試合数の多さが「省エネサッカー少年」を作り出しています

1日の試合数を1〜2試合にすれば、夢中で全力プレーする時間帯が増えてきます

5 実戦的なスキルを磨く……131
対面パスなど「ひとりでやるメニュー」に時間を費やし過ぎていませんか？
相手がいない状況での「クローズドスキル」より、
相手がいて変化する状況に対応する「オープンスキル」の練習を増やしましょう

6 自治力のある子を育む……157
転んで泣く子をかまい過ぎてはいませんか？
自分でできることを増やす導きを心がけましょう
自発性の芽を摘まず、一人前のアスリートとして扱いましょう

7
伸びしろを常に想像する……191
「この子はここまで」のレッテルを貼っていませんか?
子どもは大人の想像を超えて成長するものです
中学年代という次のステージで伸びる姿を常に想像して育てましょう

エピローグ　子どもとともに成長しましょう……220

プロローグ

大人が変われば、子どもが変わる、日本代表が変わる

果たして、日本のサッカーは前進したのでしょうか。

W杯南アフリカ大会で、日本代表は予選リーグを突破し、他国開催としては初の決勝トーナメントに進出しました。ベスト16という結果に、日本中がおおいに沸き感動に包まれました。

私もサッカーに携わる者として、この結果はうれしく思います。ですが、戦いぶりはどうだったでしょうか。

イビチャ・オシム監督から岡田武史監督にバトンタッチ。チームが4年間積み上げてきたサッカーがあったことでしょう。ところが、中村俊輔の不調などさまざまな要因もあってチーム状態は上がりませんでした。大会直前になってメンバーやポジションを変更して、戦い方を守備的なものに変えざるを得ませんでした。

結果的には、戦術の変更が当たったといえます。けれど、一戦一戦を振り返ってみると、日本代表は前回のドイツ大会とほぼ何も変わっていないように感じました。流れるようなパス回しや、創造的な展開の末にゴールを狙うシーンは、諸外国と比べて多くありませんでした。

もちろん、選手も岡田監督も100%の力を発揮したことは間違いなく、誰もが認めるところです。第1戦カメルーン戦の松井大輔から本田圭佑へ渡ってゴールした展開は、光る攻撃でした。

それでも、やはり前進したとはいえない。そう感じます。欧州やブラジルなど南米のサッカー先進国に少しでも追いつくには、育成の見直しが急務だと強く思いました。

一方で、私がサッカーに携わる環境も一変しました。2010年になって所属していたジェフユナイテッド市原・千葉を退団、春から「NPO法人I.K.O市原アカデミー」を発足させました。そこでサッカープレイパークという無料のサッカースクールを実施していますが、スクールの登録人数は180人を超えました。毎週100人を超える子どもたちに囲まれ、指導をしています。アカデミーの代表として巡回指導、講習会、講演をこなし、ふたつの大学と専門学校で非常勤講師を務め、学生たちに接する機会が増えました。

そのように多くの方と出会うきっかけのひとつになったのが、08年に上梓した『サッカーで子どもをぐんぐん伸ばす11の魔法』です。思いがけない反響があり、たくさんの読者から共感の声をいただきました。

「11の魔法を教科書にして指導している」というコーチの方。

「おかげでわが子を追い詰めずに済んだ」というお父さん。

「子どもが成長した。自分も変わることができた。楽になりました」というお母さん。

本当にありがたいなと思います。

じつは、『11の魔法』は単に子どもの「サッカーがうまくなる魔法」ではありません。「サッカーをやると、子どもはこんなふうに伸びます。その方法はこうですよ」と魔法に見立てて伝えたものなのです。人間を成長させるスポーツ——それがサッカーの本質です。自発性、自立性、主体性、思考力、コミュニケーション能力。サッカーを通じて子どもたちは人として生きていくために必要な力を身につけることができるのです。

オシムさんも「スポーツは育てるものだ」とおっしゃっています。

岡山県のあるスポーツセンターに行った際に、オシムさんの大きな顔写真と言葉が書かれている古いポスターを見つけました。そこにはこう書かれていました。


スポーツとは、何でしょう。

見て楽しむもの？　やって楽しむもの？　どちらも正解でしょう。

しかし、完璧にエレガントな正解とは言えません。

スポーツとは、育てるもの。


時間を経て少しシワの寄った、端々がめくれているポスターの前で、私はしばし立ち尽くしました。

私は間違っていない。このまま迷わず子どもたちと歩み続けよう——。

そう、決意をあらたにしました。

本書では『11の魔法』から3年間を経て、私の経験や学んだこと、見聞きしてきた世界基準の育成法などに基づき、サッカーで子どもを育てるための目標「ビジョン」をお伝えします。7つの目標《ビジョン》、見直すべき大人のありよう、そして、目標に近づくための具体的な方法。加えて、前著を読んでいただいた方から「やろうとは思っているけれどうまくいかない」「抵抗のある部分もあった」など、指摘をいただいた点を、再度私なりに深めてみました。

どうかサッカーを通じて、子どもの生きる力を伸ばしてあげてください。そのなかからいつか世界に羽ばたく、日本のサッカーシーンを、日本代表を変えてくれる子どもや大人が現れますよう、願いをこめて。

2010年　10月

NPO法人I．K．O市原アカデミー代表　池上正

サッカーで
子どもを
ぐんぐん
伸ばす
11の魔法
池上正
全国の保護者指導者から
絶賛の声!
続々重版!
私たちも推薦します

1

頭のいい子に変える

日常の指導が「指示命令の連続」になっていませんか？

「どうしたらいいかな？」問いかけて、考える力と自発性を育みましょう
答えを与えるのではなく、作り出せるよう導きましょう

「池上流」が禁止になった理由《わけ》

～子どもの成長に軸足を置いてますか？

２００８年に前著『サッカーで子どもをぐんぐん伸ばす11の魔法』を出してから、講演や講習に呼んでいただく機会が増えました。Ｊリーグのクラブを始め、町のサッカークラブや少年団、地方のサッカー協会、幼稚園、保育所、子育て支援施設、小、中学校、大学など多岐にわたります。

「池上コーチのやり方で子どもを伸ばしていきたい」

みなさん目を輝かせて、そうおっしゃってくださいます。本当にうれしい限りです。その一方で、足を運んだあとにこう告げられたことがありました。

「すみません。残念ですが、池上流は禁止になってしまいました」

どうしてでしょう。これは私の印象ですが、そこには子どもの成長に軸足を置けない大人の姿が見え隠れします。

あるサッカークラブの育成のトップの方に依頼され、少年チームの講習会へ出かけた日のことです。トップの方は本を読み、私の考え方や指導方法を気に入って声をかけてくださったということでした。

講習会場として借りていたグラウンドは公営の公園でした。とても広く、町の人々も多数往来していました。

よくしつけをされたクラブで、子どもたちのリュックは地面に敷いたシートの上にきちんと並べられ、水筒は大きなコンテナにまとめて入れられていました。

講習の合間にこんな出来事がありました。

「では、水分補給。休憩じゃないから飲んだらすぐに戻ってくること。時間は3秒ね。よーいどん！」私がそう言った瞬間、汗びっしょりの子どもたちは自分の水筒をとりに走り出しました。ところが、子どもたちはコンテナに群がったまま、なかなか動きません。手が届かない子どもたちは背後で「早く、早く！」と足を踏み鳴らして待っています。

「何が起きているんだろう？」よく見ると、子どもたちの持ってきた20本近い水筒は、コンテナにびっしりと隙間《すきま》なく収納されているため、なかなかとり出せないわけです。おそろしく時間がかかっています。

「水分補給は休憩やないから、すぐに飲もうね」と声をかけました。が、子どもたちは「だって、水筒がとれないんだもん」と訴えるような顔で私を見ます。

そこで私は「どうしたらとりやすい?」と尋ねました。すると、すぐに答えが返ってきました。

「このへんに、バラバラに並べておく。そうしたら、みんな待たずにすぐにとれる」

「そうやな。じゃあ、バラバラに並べておこう」

そんなふうに、子どもに問いかけることで自分で考えさせ、自発性をもたせるよう導くのが私のやり方です。私は通行人が邪魔にならない場所を指さし、そこへ水筒を置かせました。

そこで、思わぬことが起こりました。

チームのチーフコーチの方が寄ってきて「そんなところにバラバラに置いておくと、見た目がよくない」とおっしゃいました。

通行する人の目を気にしたようでした。私が子どもや指導者の方に一番伝えたいと考えているのは、「子どもたちが自分で考える」ということです。水筒をとるのに時間がかかる。どうしたらいいかを子どもたちが考えて、行動に移していました。子どもたちは成長のプロセスをまさに踏んでいました。

ところが、コーチの方はコンテナにまとめておくことで「○○クラブの子どもたちはきっちりしているね」と人々に思われたい。その大人の思惑のほうを優先されたように見えました。子どもが自分で考えて発展させていくプロセスの大切さと、成長したその先が見えていないように感じました。

自分たちで考えて、水筒をバラバラに置いてみた。でも、見た目がよくない。それならば「では、見た目もよくなるにはどうしますか?」というところまで子どもたちに聞けばよいのです。「自分たちで考えてみよう。ここは一般の人も使う公園だよね。どうしたらもっとよくなる?」そんなふうに問題提起すれば、子どもたちはもっと考えると思うのですが、大人がそこまで待てないのです。

大人から子どもたちに考えさせる仕掛けをして、一つひとつプロセスを踏んで伸ばしていく。そういった作業の価値が理解できないのでしょう。その結果、「池上流は禁止になりました」という結論になったのだと思います。

ほかにも似たような話はたくさん見聞きします。

試合会場などでリュックをきれいに並べていないと、当番の保護者の方が「ほら、きれいに並べなさいよ！」などと叱っている姿をよく見かけます。叱りながら、リュックは大人たちの手でどんどん整理整頓されていきます。

「本当に、もう。こんなんじゃ恥ずかしいわ！」

恥ずかしい。この言葉をよく聞きますね。口に出すか出さないかの違いはあるかと思いますが、「見た目がきちんとしていないと恥ずかしい」という大人たちの感情が、子どもの成長するプロセスを寸断しているのではないでしょうか。

「ほら、お隣りのチーム、見てごらんなさいよ。きちんと置いているじゃないの」

思わず、他の子と比べてみたりします。が、じつはきちんと置かれた隣りのシートのリュックも、親が整えたり、コーチに怒鳴《どな》られて渋々整理したあとだったりします。

道具の整理整頓以外にも同様のケースはあります。ユニホームやすね当ての忘れ物を届ける保護者がいます。ジュニアユースのクラブでプレーする中学生をもつ保護者の方から、こんな話を聞きました。

「池上コーチ、うちのクラブには〝忘れ物おとどけ隊〟がいるんですよ」

どうやら、私がジェフにいるころに行っていた巡回指導「サッカーおとどけ隊」の名称になぞらえたようです。「忘れ物を届けたい」親御さんたちのことです。練習が始まって10分もすると、保護者が続々とグラウンドにやってくる。手には水筒やすね当てや練習後の着替えを持っています。毎回ほとんどが同じ選手の親だそうです。こうしていま、中学生になっても忘れ物が続くのは、小学生のときからずっとそうやって親に助けられてきたからでしょう。

小学生のうちに忘れ物をして困った経験をし、どうしたら忘れないかを自分で考えて行動できていれば、どんな忘れん坊でも6年間のなかで解決できたはず。親御さんはみなさん口を揃えて「自分で考えて行動できる子になってほしい」とおっしゃいます。それなのに、わが子が忘れたことに対する恥ずかしさ、もしくは「忘れて困るだろうな」という感情が、成長させたいという理性を上回ってしまうようです。

その一方で、数は少ないですが考えさせることに重点を置く指導者もいます。

ある女子チームのコーチは、セカンドユニホームを忘れてきたキャプテンを試合に出しませんでした。この日の試合は公式戦で、都大会につながる大事な試合、相手チームと交渉して、その子が着てきていたファーストユニホームで戦う方法があったにもかかわらず、出場させませんでした。そのままチームのエースだったキャプテン不在で戦い、他のメンバーで一生懸命頑張ったけれど惜しくも敗れました。

「負けたけれど、今日勝つことより、失敗をかみしめて、これからはユニホームをぜったい忘れないように考えさせることのほうが大事です」

試合後、そのように保護者の前で話し、お母さん方もうなずいて聞いていたそうです。「何を優先しなくてはいけないのかを、きちんと理解しているコーチと父母の方ばかりで本当によかった」とお母さんは話していました。娘さんはそれ以来、試合の準備も学校の用意も前の晩にするようになり、持っていくものが多ければ紙に書いてチェックするといったことを、自分で工夫するようになったそうです。

サッカーをやる意味はどこにある？

～子どもを伸ばすサッカーの本質

　では、ピッチの上ではどうでしょうか。ピッチ上は、子どもに考えさせる場面の連続です。脳が刺激されるとともに考える習慣がつき、頭のいい子に育ちます。それなのに、「子どもを教えなくてはいけない」という気持ちが強すぎるのか、考えさせるプロセスを踏めない指導者が少なくないようです。

　子どもたちが自分で考えてプレーしているのに「どうしておまえは左に行ったんだ？　右のほうがよかったのに」というふうに伝えてしまいます。コーチ自身が予測している領域から子どもが出ていってしまったとき、どう声をかけていいのかわからないようです。「より成長させるためにはどうしたらいいのか」を考えてほしいのですが、自分の考えが及ぶ範囲に子どもを引き戻してしまうのです。

　そんなとき、まずは子どもが考え出したことを認めてから、子どもの視野や発想をより広げる声かけを心がけませんか。

「それもいいね。でも、こっちはどう？」

そんな問いかけです。さらに、子どもが考えてやったことがマイナスのときもありますね。例えば、カウンター攻撃を仕掛けているとします。中央でボールを持った子が右サイドのスペースにスルーパスを出しました。でも、右サイドを走っていた選手は追いつけませんでした。日本では追いつけなかった子が叱られて、追いつけないボールを出した子には何も言わないケースが目立ちます。

ところが、ドイツなど欧州のコーチたちは「追いつけないボールを出してもミスになるね。左は見た？　前は？　後ろは？」と聞きます。

以前私が所属していたジェフで監督をしていたオシムさんも、選手に対し質問を繰り返していました。

例えば、攻撃していてスペースに動いてボールをもらおうと走るとします。プロですから、左右は見ています。それでも、「前方はどうだったか？　後ろは？」と不機嫌そうに尋ねます。また、左右前後をちゃんと意識してプレーを選択しても、何も言いません。プロであれば、当然だからです。そして、左右前後を意識したうえで「ななめ」に走った選手に、オシムさんは初めて拍手を送ります。唇の端を上げてうれしそうに手をたたいていました。

「ブラボー！」と。

なかには、考え始めた子が「でも、コーチ、今のでいいでしょう」と食い下がる場合があります。一見わがままに見えますが、自分の意思をもつ子にこそ、もっと考えさせたいもの。「本当？　本当にそれで大丈夫かな？」と対抗してください。そうすると、自分で気づいたり新しい方向性を見つけてきたりします。そこまで、選手を追い込まなくてはいけません。追い込むというのは、子どもに「要求する」、「待つ」という姿勢でもありますが、同時にコーチ自身も自分をそこまで追い込まなくてはならないということです。

自分の価値観やそれまでの領域だけにとどまらず、子どもの考える力を伸ばすために、追い込めるコーチに変わってほしいと思うのです。

とはいえ「池上流は禁止」という結論を出したクラブのように、なかなか子どもの成長に軸足を移せないところも多いようです。サッカーをやる意味や、その本質をもっと考えてほしいなと残念でなりません。

では、サッカーの本質とは何でしょうか。

本書の冒頭（プロローグ）でもふれたように、前著『11の魔法』で私は、サッカーは子どもを伸ばすスポーツだという話をしました。

サッカーは、戦術的にはハンドボールやバスケットボールとよく似ています。自分たちがボールをキープして、相手ディフェンスの弱いところ、薄いところ（スペース）を見つけてそこから攻撃します。サッカーの歴史をみていくと、最初はディフェンスでボールを回していました。でも、それでは効果的な攻撃ができないということがわかってきて、もう少し前の中盤でサイドチェンジをして相手を揺さぶって攻撃を展開するようになってきました。

しかしながら、サッカーは手でやるスポーツではないのでミスがいっぱい出ます。バスケットボールなど手を使うスポーツのミスは、明らかにボールを保持していた選手のミスです。パスミス、判断ミス。ところが、足でやるサッカーはそのあたりが曖《あい》味《まい》です。飛んできたボールのほんの少しのタイミングや強弱のちがいによって起きたミスの可能性があるし、ボールがイレギュラーしたからかもしれない。パスを送った側、受けた側の技術的なミスだけではない、ということを理解しなければなりません。そうすると、プレーヤー同士がお互いに助け合う、連携をとるなど前向きなコミュニケーションが必要になります。

また、ピッチが広いため修正する時間が取れます。ミスしても立て直してまたやり直せるので、ミスに動じなくなります。このように、ミスの連続であるスポーツだからこそ、美しい攻撃の波形やゴールの一瞬が輝くのです。

オシムさんの「スポーツは育てるもの」という言葉も紹介しましたね。古いポスターに書かれていた言葉の続きはこうです。

人の心を育て、体を育て、チームワークを育て、夢や情熱を育てるもの。

そして、そのスポーツもまた、育てられることを必要としています。

スポーツには人生と似たところがあり、何かを成し遂げようと思えば、

必要な条件を整えなければなりません。スポーツが人を育てるように、人もまた、スポーツを育てていく必要と責任があるのです。

いかがでしょうか。

サッカーの本質は「子どもを成長させるスポーツ」なのに、多くの大人がその方法を少し間違えているように思います。私の師でもある祖母井《うばがい》秀隆さん（前フランス・グルノーブルDirector General）とは、「育成法を変えていかなくては日本のサッカーの未来はないね」とずっと話していました。

日本のサッカーはオシムさんがおっしゃるように、「育てられること」を必要としている。だから、必要な条件を整えなくてはいけない。でも、一人ひとりのコーチや保護者の方に「こうしましょうよ」と言ってまわるわけにはいかないので『11の魔法』で少しでも知ってもらおうと考えたのです。「こんなやり方で伸ばしましょう」「サッカーをやると子どもたちはこんなふうに成長するんですよ」と。

子どもを伸ばすために整えなければならない条件は、大人が彼らの成長に軸足を置くことです。ピッチの外でも、子どもに考えさせる時間を作る保護者であり大人になってください。成長させるために毅然と待つ姿勢は、恥ずかしくも情けなくもないはずです。

自発性のある子どもに変える極意
～「学ばせよう」を常に意識する

自分で考える子どもを育てる方法として、私の指導法のひとつを紹介しましょう。練習中にいい場面が出たり、逆によくない場面が出たときに、とりあえず全員を集めます。「今、こんなプレーがありましたね。どう思う?」と尋ねます。すると、「あのプレーがよかった」とか「ここがよくなかった」といった意見が出てきます。そこで、私は「似たプレーは他にもいくつもあったよ」と話します。

このようにひとりだけをほめたり悪い部分を指摘したりと、個々に声をかけることを繰り返すのではなく、全員に向けて発信することが大切です。「みんなどうですか?」

「こんなことがありました。こういうことに注意して、もう1回やりましょう」と話すのです。「自分だけがほめられた」とか、「自分だけが指摘された」というふうに思わせないようにしています。集めてコメントすると、指摘されたポイントを全員で意識するようになります。

加えて、子どもにわかるように話します。

以前、私はある自治体の協会に招かれて講習会をしました。小学4年生を対象に、8人制サッカーを深めたいので練習をみてほしいという主旨でした。

準備をしていたら、ひとりの子どもが私のほうにやってきて少し話をしました。その会話を横で聞いていた主催者のコーチの方が、後日メールをくださいました。

「池上さんが子どもと話しているのを聞きました。子どもたちがどんなふうに考えているのか、今何を考えているのかを聞き出すことの大切さがわかりました。聞いていて、すごく勉強になりました」

ピッチ作りの手伝いをしているのに、その子はラインカーで遊んでいて、石灰で不要な白い線を次々作って楽しんでいました。なので、私はこう言ったのです。

「あのね、無駄なラインを引くと、10センチ１００円（罰金）だよ」

手を出す私の顔を、不思議そうに見ています。

「君が引いたのは50センチぐらいだから、５００円だよ」

すると、子どもは目を丸く見開いて「しまった！」という顔をします。

「あの、お金は持っていません」と首を横に振ります。

私「じゃあ、何か仕事をしたら？　その５００円ぶん」

子ども「何したらいいですか？」

私「それは自分で考えてください」

そこで子どもが考え出したのは、自分が引いた白線と、そのほかにこぼれていた石灰をすべてほうきで消すことでした。

私「何してるの？」

子ども「そうじ」

私「ああ、いいね。そのそうじはいくら？」

子ども「ええっとー。５００円」（すまなさそうに）

私「500円ね。オーケー。もう終わりでいいよ」

そんなふうに、子どもたちがいろんなことを自分でどうするか考えていくよう、いつも接しています。

ピッチの上でも同じように「じゃあ、今のプレーは何を考えていましたか？」と尋ねます。あるいは、最初に「いいね、よかったよ」と言えば、子どもはうれしい。続けて「じゃあ、ほかに何かやり方はあるかな？」と聞くと、喜んで探し始めます。どんどん子どもたちのプレーが広がっていくのです。

「考えさせる」ということを、ことのほか難しく考える必要はありません。「子どもと対話しましょう」と話すと、「いや、私は口下手なので」とおっしゃる方もいますが、難しい技術は必要ありません。本質を理解していればできることです。

具体的に指示したり、命令したりする場面はほとんどありません。「学ばせよう」「考えさせよう」と常に意識していれば、みなさんの接し方は間違いなく変わってきます。と同時に、自分で考える子が間違いなく増えてくるはずです。

次に、本質をなかなか理解できない例を話しましょう。

以前、何人かのコーチと一緒に指導をしていて、練習の最後に4人グループでチームを作って試合をすることになりました。ところが、子どもがグループ作りでもめていて、なかなか試合を始められません。

「早くしないと、時間がなくなっちゃうよ」

ひとりのコーチがそう言いました。私は「どうして、そんな声をかけたんですか？」と質問すると、「でも、早くしないと時間がなくなりますよ」と言う。その通りなのですが、それは子どもに「早くしろ」と命令しているように聞こえます。「そうじゃないと思うのですが」と話しましたが、そのコーチはまだ首をかしげています。

このコーチは、子どもたちに何を学んでほしいと思っているのでしょうか。早くすることを学んでほしいのでしょうか。そうではありませんね。力や技量に関係なく誰とでもできる姿勢や、「時間がないから、まあいいや。さあ、やろう」と折り合いをつける柔軟さ。そんなことを学んでほしいと私は考えます。

私自身、「もう時間がなくなって試合ができなくなりますよ」と告げるときもあります。本当に時間がなくて1回も試合ができてないとしたら、彼らに楽しい時間を経験させてあげられないのでそう言ってしまうのです。でも、それは強権発動ですね。強権発動されても「最後、試合ができてよかったな」と感じてくれる子がいたとしたら、意味がある。次からは自分たちでスムーズにできるようにしたい。みんなで試合をする楽しみを経験した次の機会には、「誰とでもできたほうがいいよね」と考えてグループを作れますから。

多少なりとも時間の余裕があるときは、「早くしないと終わっちゃうよ」とは言わないほうがよいのです。なかなか決まらないときにかける言葉は、「どうしましたか？」「大丈夫？」です。子どもたちに任せるのが一番です。

とはいえ、本当にどうしようもないとしたら、「じゃあどうしますか？」と聞いてあげましょう。例えば、人数が合わないとか、相手が強すぎて試合をしたくないとか、いろいろな理由が出てきます。その理由を聞いて「じゃあ、何か違う考え方はないかな？」次に違う変化をさせるための言葉をかけることです。

「大丈夫ですか？」

「どうしましたか？」

こんな言葉がけだけで、コーチがいまの事態を気にしている、ということは伝わります。「よし、早くグループ分けしよう」と本人が思うかどうかがもっとも重要です。人間の育つ摂理みたいなもので、本人が気づいて本人が変わらない限り本物にはなりません。学校の先生が勉強のできない子に関して「まずは子どもがやる気にならないと」と、よく言いますね。それと同じことです。

練習で、こんな遊びもやります。

「池上コーチ（私）がよーいドン！　って言ったら、あのコーンとコーンの間を通り抜けます。通り抜けると1点もらえます。で、1点取った者同士で手をつないでください。そうしたら、ふたりになるやろ？　ふたりでまた1点取ったら、ふたり組を探す。そうすると？」

子ども「4人になる！　4人で手をつないでまた1点取る！」

私「4人で1点取ると」子ども「次は8人になる」

私「そうやな。8人の次は」子ども「16人」

私「16になって1点取ると？」子ども「32！」

私「32で1点取ると?」子ども「64!」。

「では、64になったら池上コーチのところに戻ってきてください。オーケー? よーい、ドン!」

これは、コミュニケーション能力を養うトレーニングのひとつです。

「64になった人は集まってくださ〜い」

ここで、早々と集まった子どもたちに問いかけます。

「ほかの人を見てごらん。何してる? なんであの人たちは64になられへんと思う?」

子ども「人数が足りない」

私「そういうときはどうする?」子ども「助ける」

私「助ける人が、どうして座ってるの?」子ども「…………」

「さあて、どうする?」

すると、子どもたちは立ちあがって「行くぞ〜!」と元気よく仲間のところへ駆けていきます。

子どもが自分で考え、そして行動できるごく短い言葉を、投げかけるだけでいいのです。

つい世話を焼いてしまう理由
～デンマーク協会の10カ条から学ぶ

大人はみんな「池上さんの言う通りだ。子どもに考えさせなくちゃ」と言います。それなのに、多くの人が過度に指導したり、世話を焼いてしまいがちです。どうしてなのでしょう。

それは、最初に話した「恥ずかしい」「情けない」「心配だ」という大人の感情が邪魔をしているからです。感情的になりやすい人ほど、「学ばせよう」「考えさせよう」という意識に立ち戻れないようです。それに加えて、子どものやることに対し、大人が自分自身の達成感を期待しているからかもしれません。

先のケースでいえば、とりあえず試合がやれた。

とりあえず、リュックがきれいに並んでいる。

とりあえず、水筒がまとまってコンテナに入っている。

とりあえず、忘れ物も届いて練習や試合ができた。

逐一プレーの指示はしたけれど、とりあえず試合に勝った――。

でも、このような、大人が気持ちいいと感じる「とりあえずできたこと」が、じつは子どもの成長の芽を摘んでいることに気づいてください。

ここで、デンマークサッカー協会の「子どものサッカー10カ条」をお伝えしましょう。

子どもたちはあなたのものではない
子どもたちはサッカーに夢中だ
子どもたちはあなたとともにサッカー人生を歩んでいる
子どもたちから求められることはあっても、あなたから求めてはいけない
あなたの欲望を、子どもたちを介して満たしてはならない

アドバイスはしても、あなたの考えを押し付けてはいけない
子どもの体を守ること。しかし子どもたちの魂にまで踏み込んではいけない
コーチは童心になること。しかし子どもたちに大人のサッカーをさせてはいけない
コーチが子どもたちのサッカー人生をサポートすることは大切だ。しかし、自分で考えさせることが必要だ
コーチは子どもを教え、導くことはできる。しかし、勝つことが大切か否かを決めるのは子どもたち自身だ

デンマークは先のW杯南アフリカ大会で日本に敗れはしましたが、１９９２年に欧州選手権で優勝するなど著しく躍進しているサッカー先進国です。その国が少年サッカーにかかわる大人に対して、10カ条で警鐘を鳴らしていると言えるのです。

大人の欲望を子どもたちを介して満たしてはならない。
大人の考えを押し付けてはならない。

自分で考えさせることが大切だ。

この3つは、ここまで私が説明してきたこととリンクします。警鐘を鳴らすのは、間違いなくそのような大人たちが、子どもの成長を阻害しているとデンマークサッカー協会が判断したからなのだろうと思います。

前著でも書きましたが、日本のサッカーは間違いなく、少年サッカーに真摯《しんし》に取り組むコーチや保護者のみなさんの熱意やエネルギーによって支えられています。そのエネルギーのベクトルをいま一度見直し、「今日も子どもたちに学ばせよう」と常に意識してもらえるといいなと思います。

「恐怖の教育」をやめましょう

～考える時間を与えるオシム監督の罰走

学ばせよう、考えさせようという意識をもてない大人たちの話をしましたが、じつはそれは決してその人たち個人の問題ではありません。私たち自身の育ち、日本の教育そのものに問題があるようです。

「恐怖の教育」

千葉大学教育学部教授でスポーツ教育学を教えていらっしゃる徳山郁夫先生は、日本の教育をそのように表現します。

今までの日本は、恐怖感によって子どもをあおって動かす「恐怖の教育」なのだそうです。それは何かというと、命令、服従、忍耐という図式。子どもたちに「はい、これをやれ！　やらなければ罰を与えるぞ」と命令する。子どもは教師や親という何かしらの「権威」をもつ大人に、絶対的に従わなければいけない構造になっている。服従です。従わなければ罰があります。

例えば、私は中学のころ、教科書を忘れると教室の後ろに立たされました。教科書を持つかのように両手を前に出して立ち続けるのですが、しばらくすると手が下がってきて苦しくなります。すると、先生が私のところまでやってきて「バシン！」と手をたたきました。

もちろん、私だけが特別にやられていたわけではありません。小、中、高校と、周りではそんなことが日常的に繰り返されていました。少なくとも、昭和の時代に子どもだったみなさんは、身に覚えがあるのではないでしょうか。体罰が愛情という表現で容認されていた時代でもあります。

表現は和らいできたかもしれませんが、日本のスポーツ界にもある種の権威を振りかざす「恐怖の教育」の断片は確実に残っています。何かあると、子どもたちに「グラウンド走ってこい！」「ダッシュ10本！」などと罰を与えるコーチはまだまだたくさんいます。あるチームでは、3年生とのミニゲームで惨敗した4年生のコーチが「集中力が欠けているから懲罰的な制裁を加えるべき」と言い出し、気合が入っていないと判断した子にはダッシュや腕立て伏せ、練習試合できらいなポジションをやらせるといった懲罰を決めたそうです。本当に驚きます。

家庭でも「宿題やらないなら、夕ごはんは抜きね」などと言っていませんか。また、サッカーをするわが子に「1試合1点がノルマ」と命じている親御さんはいませんか。子どもが自分自身で目標を立てるのはよいことですが、親が「ノルマ」という言葉を使ってしまうのは「恐怖の教育」以外の何ものでもありません。

「子どもはあなたのものではありません」

デンマークサッカー協会が10カ条の一番最初に挙げた、この言葉を思い出してください。

加えて、恐怖の教育の断片は小さい子の子育ての場にも残っています。いま日本中で起きているもっとも悲しい出来事、「虐待」もそういうところに端を発しているように感じます。「自分の子どもだ。何をしても親の勝手でしょう」——そんな考え方です。虐待をした多くの親が「しつけだ」と弁解します。要するに罰。大阪弁では「やいと」といいます。

私も大阪のある市の子育て支援室の講師をしていた時期、虐待された子どもを何人も見てきました。そんな子どもに限って絶対に親の悪口を言いません。遊んでいるとき「みんな裸足になろう」と声をかけたときに、くつ下を脱がない3歳児がいました。私がしゃがんで顔をのぞき込み、「どうして脱がないの?」と尋ねると「いや、ぼく、ええから」と脱ぎません。

無理やり脱がすと、足の甲にやけどの跡がありました。「これ、どうしたん?」と聞くと「自分でぶつけた」と言います。わずか3歳の子が、親をかばうのです。「どうしてこんなことするんですか?」と厳しく親を問い詰めると、悪びれもせず、「しつけやわ」と言うのです。

「お父さん、これは、虐待ですよ。やってはいけないことだから、あなたも罰を受けてください。足を出して!」

そう言って足の甲にタバコの火を近づけると「わっ、やめてください!」と血相を変えて飛び上がりました。

「そうでしょう。大人だって耐えられないでしょう? それをあなたはしつけだといいながら3歳の子どもにやっているんですよ。それも自分の子どもに」

そのようなことを、私は大阪でたくさん経験してきました。恐怖の教育の断片が、虐待を引き起こす要素のひとつに思えてなりません。

オシムさんもジェフ時代、選手に「罰走」を命じることがよくありました。よく走らされていたのは、巻誠一郎選手や坂本将貴《まさたか》選手でしょうか。同じミスを繰り返す選手に向かって「走ってこい」と言った。けれども、それは罰ではなく、「頭を冷やしてこい」という意味でした。ここに、日本のコーチがやらせる「罰走」とは大きな違いがありました。

命じられた選手は、走っているか歩いているかわからないぐらい、だらだら走りはじめます。ところが、走っている巻たち選手の顔をじっと見ていると、表情が変わっていくことに気づきました。

走り始めは、すごくいやな顔をしています。走らされている選手全員がそうです。ところが、グラウンド1周の半分ぐらいを過ぎてくると、だんだんうつむき加減だった顔が上がってきます。つらそうにゆがんでいた顔が、引き締まってきます。目をかっと見開いて、「次、どうしたらいいか」と何かを考えている顔に変わってくる。

そのような「頭を冷やす時間」を、オシムさんは意識して選手たちに与えていました。恐怖の教育による罰ではない「考える時間」を。

それでは、頭のいい子になるもっとも大切な要素、「考える力」とはどんなものなのでしょうか。

1＋1は田んぼの「田」

～答えを覚えるのではなく「生み出す」ことの大切さ

プロローグに記したように、私はふたつの大学と専門学校で学生たちを教えています。3つの学校すべてで、私が最初に講義したテーマは「本当のインテリジェンスとは何か」です。

インテリジェンスは、日本語で「教養」と訳されやすいですね。でも、私の考える「インテリジェンス」とは、「考え出す力」です。

「1足す1は何でしょう?」授業の最初に、こんな質問をしました。

専門学校の学生たちは、誰も何も答えませんでした。

次に行った東邦大学では、ある子がこう答えました。

「1足す1は1です」。

教室がざわざわし始めました。「どうして、1足す1は1なの?」と尋ねたら、彼はこう説明しました。

「ここに粘土が1個あるとします。もう1個粘土を持ってきて、合わせちゃう……。と1個です」

「いいね。君は天才だね。インテリジェンス、あるよ」私からほめられたその子は、小学校からずっとサッカーをしている子でした。偶然にも私がよく知っているクラブの出身でした。ガムを1枚食べました。もう1枚ガムを食べたらいくつになりますか。それがインテリジェンスなのです。

次に、千葉大学へ行きました。「1足す1は何ですか?」と聞くと、教室はシーンと静まり返りました。「おいおい、みんな。千葉大、大丈夫か?」と、笑顔で言うと、大半の学生が「2」と答えました。

「では、同じ質問を小学生にしたら、なんて答えると思いますか?」

またシーンとします。しばらくして、ある女子学生が「たんぼの田!」と少し恥ずかしそうに早口で言いました。全員がくすくす笑いました。

「うん。小学生は田んぼの田って言うよね。でも、最近は41って言う子もいるよ」と話したら（紙に書くとわかりやすい）、学生たちはそれぞれ答えを考え始めました。

「1足す1は、2・7にもなりますよ」次に私は学生たちにそう言いました。これはサッカー界の話です。指導者の方には覚えておいていただきたいのですが、欧州のサッカーは1＋1＝2・7。なぜならば、サッカーはひとりではなく、集団でやるスポーツだから。ひとりだと1しか力がないけど、もうひとりがやってくれると1＋1＝2ではなく、2・7ぐらいの力にならないとサッカーではない。そんな考え方です。

そういわれていた数十年前、日本はひとりにもうひとり足したら「0・7」といわれていました。チーム戦術が進化していなかったので、人がいるほうが邪魔になるのです。今でもそんな場面がときどき見受けられます。

「インテリジェンスとは答えを考え出すこと」

私は、「スポーツをする意味」は、そこにあると思います。与えられた答えを一生懸命覚えるのは暗記です。勉強には暗記する力も必要ですが、自分で考えて答えを導き出す力をつけてほしい。私がイメージする「頭のいい子」とは、学校の成績を上げるために必要な暗記力ではなく、答えを作り出せる力をもっている子です。

1+1が1ではなく2・7になる方法を考えて、仲間と力を合わせる醍醐味を味わってほしい。答えを作り出す習慣をつけてほしい。そこにサッカーをする意味がある。「1足す1は1だよ」という大人が現れたら、子どもたちは「ええ〜、何それ?」と考え始めます。

千葉大学でこんな話がありました。ある研究室のゼミの旅行で、野外料理をするのに薪に火をつけることになりました。学生が薪の上に新聞紙をのせて、その新聞紙に火をつけるのですが、なかなか薪に燃え移りません。

「先生、火がつきません」「先生どうしたらいいんですか?」

自分たちで考えようとしないわけです。

その話を別なところで学生にしました。私が「いまの大学生、危ないなあ」と言ったら、ひとりの大学院生が挙手して言いました。

「あのう、すみません。私はそのお話で大学生が危ないとは思いません。それは学生が習っていないだけなんです。習ってないからできないということだと思います」

真面目な顔をしてそう力説するのです。

「どうしたらいいかって、自分で考えたらいいんじゃないの？」と、私は返しました。「先生、火がつきません、教えてください、じゃないよね。自分で考えてみるのが学習なんじゃないかな」

学習するということの意味を、大学生に教えなければならないわけです。

彼らは、子どものころから何かを作り出す経験をしていません。例えば、夏休みの宿題はどうでしょうか。夏休みに作った工作物が、小学校の教室に飾ってあるのをよく見かけます。眺めていると、なぜか同じようなものが並んでいます。ホームセンターで工作キットを購入して、作って終わり。それで宿題完了になるのでしょう。

子どもの教育という側面から考えると、それでよいのでしょうか。工作キットを使っても構わないのですが、何かこれに自分でこさえたものをつけてみよう、色を塗ったらどうなるかな――そんな発想が必要なのではないでしょうか。なのに、同じキットを使ったまったく同じ作品が教室の後ろに並んでいる。発展させるよう大人が導いていないので、みんな同じでも子どもは平気です。

考える経験を積むはずのさまざまな場所や機会で、それがなされていない。そのため、今の子どもは何か問題が起きると、応用力が低いのかも知れません。

そのことを象徴する例を、ひとつ挙げてみましょう。

アカデミーで私が行っているトレーニングの中に、「手をつないで試合をする」というメニューがあります。「手つなぎサッカー」とも呼んでいます。ブラジルへ研修に行った際に、ブラジルの小学生や中学生年代の子どもたちがやっているのを見ました。ぜひ試してみてください。

ふたり組で手をつないで試合をするのですが、日本の子どもはふたりの間（真ん中）にボールがある場面でどちらか一方がよく転びます。なぜなら、ひとりがまさに蹴ろうとしている瞬間に、ボールだけを見ている片方の子が何かしようとしてつないでいる手を引っ張ったりする。だから蹴ろうとして足をふりかぶった子が転ぶわけです。

要するに、自分のパートナーが何をしようとしているかを予測しない。ふたりでどう攻めようかなどまったく考えていません。

対して、ブラジルの子たちはすごいです。ふたりでドリブルしながらボールを保持していて、何かの拍子にボールが自分たちの真後ろに転がったとしますね。そうすると、ブラジルの子たちは、ふたり同時にくるりと180度回転して手を持ち替えます。手をつなぎ替えるのです。

日本の子どもたちで、それをする子はほとんどいません。「一度たりともつないだ手を離してはいけません」などとは言われていないのに、それをしません。考えつかないのではなく、考えようとしていない。なので、ブラジルの子に比べて応用力が弱いのです。

ふたりがいつも同じことを考えて、同じようにプレーする。それがブラジルの子ども。日本の子どもたちは、いつも違うことを考えて、全然違う方向へ行く。相手に合わせたり、リードしたり、コーチングするといった、スポーツの基本的な行動をしません。そんな姿を見ていると、指導を根本的に考え直さなくてはならないと痛切に感じます。

2

話を聞ける子に変える

「わかった？　本当にわかった？」と念押しばかりしていませんか？

子どもの脳は大人の小言や罵声を受け付けません
伝えたいときは、まず子どもの話を聞く。すると、自然に心はこちらを向きます
「キャッチボール対話」のできる大人になりましょう

話を聞けない理由

～子どもの脳は「叱り言葉」を受け流す

最近の子どもたちは、おしなべて人の話を聞けません。そう感じませんか。

「うちの子、本当に話が聞けなくて。困ってしまいます」

子育て支援施設の講師、ＹＭＣＡやジェフの育成コーチをしていたころから、お母さん方からずっとそんな悩みを聞いてきました。

少年サッカーや少年野球などで子どもたちに教えている指導者の方々も、困っているようです。練習のやり方を説明してから「さあ、始めるよ！」と言った瞬間、みんなと別のことをやる子がいますね。「何やってんだよ。コーチの話、聞いてなかったの？」と仲間に叱られる子が必ずいます。

小学校の先生などはもう、頭を抱えるしかないでしょう。話を聞けない子どもたちに向かって、毎日何かを説明して理解させなくてはならないのですから。

では、なぜそのように話を聞けない子が増えているのでしょう。じつは、これは子ども個人の資質の問題ではありません。どうやら私たち大人の対応が間違っているからのようです。

『〈勝負脳〉の鍛え方』（講談社新書）という本を著された脳外科医の林成之《なりゆき》先生によると、人は基本的に自分を守ろうとする本能があるそうです。

例えば、殴りかかられそうになると人はとっさに体を丸めますね。どうして丸くなるかというと、体の外側、要するに背中側は、背骨で守られているので命を守れますが、内臓に近い体の内側を殴られると命を落としかねません。防御反応が働くのです。

これと同じように、脳にも自分を守りたいという自己保存の本能があるそうです。例えば、しょっちゅう叱られている。それは外からのストレスですね。すると、脳は苦しくなって、脳自身を守るためにある行動をします。無意識のうちに、人の話を受け流すようになるというのです。

驚きました。その子の意思で聞きたくないから聞かないのではなく、脳が勝手にスルーするのです。

そのメカニズムを、もう少し詳しく説明しましょう。

人間の脳は、まず自分にとってプラスかマイナスか、好きかきらいか。いいか悪いか。そんな判断をまずするそうです。そこで、「これはいいぞ」となったり、「プラスかもしれないいな」と判断した情報は、頭のさまざまな部位、前頭葉などいろいろなところをぐるぐると何周もまわります。その結果、記憶となって残っていく。

ところが、マイナスの情報――自分にとっていらないとか、きらい、いやだと判断した情報は、頭の中でぐるぐるまわらずシュッと抜け出してしまう。脳がそうしてしまうのです。ストレスを感じたり、プレッシャーを感じるような情報がやってきた瞬間、シュッと受け流す。いつも叱られていると、叱られたことは脳にとって「いやな情報」なので、叱られれば叱られるほど受け流してしまうというのです。

さらに、その状態が慢性化すると、だんだん人の話を真剣に聞かない脳が出来上がってしまうそうです。

その結果、言われたことと違っていても気に留めない、トレーニングや活動に長く集中できないといった「困難から逃げてしまう脳」（逃避脳と呼ばれるそうです）が作られてしまうのです。

さらに困ったことに、この脳を守る自己保存の反応は、特にまだ脳が成長過程にある子どもに出やすいといいます。多くの親御さんには耳の痛い話ですが、著書のなかで先生が書かれていることを抜粋します。

〈叱ってばかりいる両親のもとで育った子どもは、人の話をよく聞かないことで自分の脳を守っています。親はよい子に育てようとして叱っているつもりが、じつは子どもをだめにするように育てているという落とし穴にはまっているのです〉

ある講演で200人の大人の前でこの話を紹介したら、「ええーっ」と思わず手で口をふさいでいるお母さんもいらっしゃいました。かなり衝撃的だったようです。みなさん、身に覚えがあったのでしょう。

例えば、何かを伝えようとするたびに「わかったの？　返事しなさい！　本当に聞いてるの？　もう1回言うよ！」と言ってしまうのでしょう。「早くやりなさい！」と言ったあとで、「ほら、また話聞いてない。あんたは！」――。

そうすると、どんどん、どんどん、脳は自分を守ろうと固まっていって、話を聞かずにスルーしていくわけです。ストレスをたくさん経験してきて逃避脳になっていると、顔は話し手のほうを向いていて一見話を聞いているように見えるのに、きちんと理解できていない。そんなことが起きてきます。

私がアカデミーの練習で話をするとき、ほとんどの子は顔をこちらに向けています。それなのに「これから4対1の練習をします。ボールをふたつ使いますよ」と言っても、ボールをひとつしか持ってこない子がいっぱいいます。脳に話を受け流す習慣ができてしまっているので、自分にとって重要な情報が来てもスルーし、つかみきれないのです。

私は林先生の本を読んで、「ああ、なるほど。日本中そうやなあ」と思いました。講習会などでどこに指導に行っても、私の話をきちんと聞いてしっかり考えて答えてくれる、もしくは行動できる子がほとんどいない。その理由が林先生のおかげでよくわかりました。

話を聞ける子に変える3つの方法
～先に話を聞く・心を通わせる・叱らない

話を聞ける子にするためには、3つの方法があります。ひとつ目は、何かを伝えたいとき、先に子どもの話を聞いてください。

私と学生たちのやりとりに似たようなことは、小学校の教室のなかでも常に起こっていることだと思います。話を聞いてもらえない先生は、思いあぐねて「教室がいつもザワザワしているので、ご家庭でもよろしくご指導ください」と保護者に懇願したりします。

言われた保護者は、家庭で叱り続けていることも子どもが話を聞かないひとつの要因なのに「学校の中のことは先生がしっかり指導してくれませんか」とお願いする。先生も「私の話のつかみがうまくないんですよね」と反省したり。

ですが私は、話のつかみの技術などは必要ないと思っています。子どもたちに、言いたいことをまず言わせればよいのです。最初から一方的に説明を始めるのではなく、テーマに関連したことについて、子どもたちがどう考えているかをまずは聞いてあげるのです。

先生の話に耳を貸さない子どもも、仲間の発言になると「何を言うのかな」と興味をもって耳を傾けます。子どもたちがいろいろな話をしたあとで「じゃあ、先生もちょっとしゃべっていいかな?」と切り出せばスムーズにいきます。

そういった「キャッチボール対話」を先生ができるかがポイントです。加えて、子どもの話のなかでみんなが興味を抱きそうなものを見つけて、話を広げてあげるという作業が大切だと思います。

ふたつ目は、心を通い合わせること。

話を聞かせる前提として、先生自身が子どもたちに受け入れられていなくてはなりません。「(話の)つかみの技術をつけたい」という発想はわかりますが、決してテクニックだけの問題ではありません。話のうまい先生は、子どももそのことを知っているので「今日はどんな面白い話をするのかな」とわくわくしています。その時点で、その先生は教え子に受け入れてもらっています。お互いを尊重し、心が通い合っています。だから聞いてもらえます。「楽しい授業にしよう」。話す技術以前に、そんな姿勢が重要なのです。

ところが、子どもに受け入れてもらっていない先生は、話を聞いてもらえません。そこで繰り出す手段として昔からあるのは、まずは叱ること。その次によくあるのは、ついつい子どもたちのご機嫌をとるようなくだらない冗談などに終始してしまうケースです。私は、ご機嫌をとるような方法は取らないほうがいいと思います。「いつもみんなのことを考えているし、みんなが言いたいことをちゃんと聞くよ」。そんな情熱と姿勢で訴えるほうが、話を聞いてほしいという気持ちを伝えられると思います。

3つ目は、話を聞ける脳を作るためにも、叱らないことです。

教師やコーチといった指導者の立場になると、子どもたちの話を聞くことよりも「とにかく伝えなくては」「教えなくては」という気持ちが先行しがちです。保護者の方も同じ。何か教え込まなくてはと焦ってしまう。

「教え込まなくては」と思うと、子どもに対して自然と上からの目線になり、態度も言葉も厳しくなります。そうすると、いつの間にか叱っている。結局は、話を聞けない脳をもつ子どもを大量生産することになります。

「もう、何度言ったらわかるの？　怒るよ！」

そう叫んで、子どもから「もう怒ってるじゃん」と指摘されたことはありませんか。われを忘れてはいけません。

話を聞ける子に育てるには、とにかく叱る回数を減らすことです。人を傷つけたり、危険なことをしたなど特別なとき以外、叱らない。

前著『11の魔法』で、私が指導するときは決して叱らないということを書いたら、多くの方から「本当に叱らないのですか？」「本当に叱らずにコーチなんてできるんですか？」と何度も聞かれました。

では、叱らずに済む極意をお教えしましょう。

「この子を成長させるには、どうしたらいいのかな？」

「伸ばすには、いまどう接したらいいのかな？」

子どもと接しているとき、そんなふうに常に心のなかで自問自答してみてください。そうすると、感情が収まりスーッと冷静になれます。そこで（よし、この子がどうしたいのか聞いてみよう）と考えつきます。

例えば、子どもがぐずぐずしていて、なかなか勉強しなかったとします。

親「じゃあさ、宿題をいつやろうと思っているのかな？」

子「今日はサッカーの練習で疲れたから、あした朝6時に起きてやるよ」

親「オーケー。じゃあ、頑張って自力で起きてみようね。応援するよ」

そして翌朝。子どもが自分で起きて宿題をやれば、お母さんも「待ってよかったな」とひとつ成功体験が得られる。もし、起きられなかったら「今回は失敗しちゃったね。次、どうしたらいいか考えようね」と声をかければよいのです。

紹介した親と子の会話は、前述の極意を実践しているお母さんが実際に小学6年生の息子さんとかわしたものです。「この子を成長させるには？　って、いつも呪文のように唱えている」そうです。

子どもたちが何か言ったとき、大人は自分の意見と違っていたらつい否定してしまいますね。例えば、前述の宿題の話などは、どこの家庭でもよくある会話です。子どもが「早起きしてやる」と宣言しても「何言ってんの！　起きられるわけがないでしょう。いまサッサとやってしまいなさい」と言ってませんか。

大人が子どもの意見を否定するのは簡単です。「それは違うでしょ」と言えます。けれど、そうではなくて、自分で考えて意見を言った、その行動力と自発性をまずは認めてあげましょう。

「なるほど、そんな考えをもっているんだ。オーケー。よくわかりました」

そんなふうに受け止めてあげてください。そのうえで、大人の考えを話します。すると、子どもは素直に聞いてくれます。反対に、最初から「それ、おかしいよ」と言われると、子どもはもう何も言わなくなります。ああ、話を聞いてくれないんだとあきらめてしまう。その瞬間に自発性の芽は摘みとられてしまいます。

ピッチの上でも同じです。シュートを外したときに、「ああいいよ。いまのシュートよかったよ」といったん行動を認めてあげる。技術不足でキックミスをして違うところへ飛んだということがわかったら、そこを説明して「技術が身につけばよくなるよ」と話します。

そう言われた子どもは、自信をもてるし、次は正確に打とうとする。そんなキャッチボール対話を重ねましょう。否定から入らずに、肯定から入る。認めてあげたり、聞いてあげることから入るだけで、子どもたちは変わっていきます。

威圧的な態度がストレスを与えます

～フラットな関係作りを目指しましょう

大学や専門学校で非常勤講師をしていますが、いまの子どもと同じように学生たちも話を聞く力が弱いようです。

ある学校の学生たちは、残念ながら私の話をほとんど聞いていません。私が30分しゃべるとしたら、30分間ずっと違うことを考えている。そんな学生たちが8割です。私はサッカーの指導と同様に決して叱りませんから、そのまま授業を進めます。

ある日、こんなことがありました。

体育の専門学校の学生たちと話をしていました。彼らが自分たちで指導実践をした際に、子どもたちにうまく説明できない、相手方に話を聞いてもらえない。どうしたら聞いてもらえるのかというテーマで、その方策を論じていました。

「どうしたら話を聞いてもらえるのか」というテーマの話をしているのに、ザワザワとして、静まりません。そこで私は大声で叫んでみました。

「こらーッ！」

すると、みんなビクッとして、一瞬シーンと静まり返りました。でも、その直後にもっとザワザワし始めました。そこで、私はこう切り出しました。

「そうでしょう。こらッ！　って言われたら、その瞬間は何が起こったかと思って静かになるけど、その後もっとザワザワして、余計に話を聞かなくなるよね」

全員うなずいています。

「こらーッ、て怒鳴るような、そういう威圧的な態度を先生にとられると、みんないやだよね。だから、私はそんなことをしないんだよ」

そう話したら、30人近い学生のうちの3分の1ぐらいは、ようやく私が言わんとすることに興味を示して話を聞き、うなずいたりし始めました。どうしたら話を聞いてくれるか。それは話をする側の問題なのだと思います。

いつも否定している。いつも指示命令を繰り返している。そうすると、子どもの脳はストレスまみれ。一見かしこまった態度で聞いているように見えても、大人の話を受け流していきます。大きな権力を前にすると、人は何も考えられなくなってしまいます。大人でもそうなりがちですから、子どもの場合はなおさらです。威圧的な態度で接しられると、思考力は停止します。徳山先生のいう「恐怖の教育」が考えない子どもを大量生産するのと同じことが起こります。

指導者も保護者の方も、自分自身が威圧的でないか振り返ってみてください。

「コーチ、試合に出たい！　ぼくを出して！」

例えば指導者なら、何年生になってもそんなふうに子どもが言ってくるようなフラットな関係を作ってほしいのです。

指導者講習会などに行くと、よく「コーチはオープンマインドで」と言われると思います。どんな状況でも子どもたちを受け入れるオープンマインドは、上から目線の権威主義的な発想からは生まれません。

もう25年ほど前になるでしょうか。オランダで活用されている、少年チームの指導者向けの育成方法を教えるビデオを観たことがあります。

ビデオの中でオランダの子どもたちは、いつも誰かしらがコーチに何か言ってます。コーチは、時には子どもの目線までしゃがんだり、腰を下げたりして、きちんとそれに答えていました。

「オランダのコーチは、すごく丁寧に子どもの話を聞いてますね」

私が感心していると、一緒に観ていた祖母井さんが「こんなこと、ヨーロッパじゃ当たり前だよ」と言いました。ドイツでのコーチ留学を終え帰国していた祖母井さんは当時、「日本の少年サッカーのコーチはもっと変わらなければだめだ」と、ことあるごとに話していました。

そして、四半世紀たったいまも同じ言葉を繰り返しています。

さらにいえば、フラットな関係を意識していても、それが崩れやすいのが試合のあとです。

『11の魔法』で、私がスペインで観てきた少年サッカーの試合の様子をお伝えしました。試合では保護者が応援歌を歌ったり「行け、行けーっ！」と熱くなって応援していても、終了するとわが子が負けたとしてもみんな笑顔でクラブハウスでビールやジュースを飲んで帰ります。負けると、この世の終わりのような暗い表情で引き揚げ、中には子どもに文句を言ったりする親御さんがいる日本の風景とは、まったく異なるという話です。

スペインでは、コーチも試合が終了するとミーティングをさっさと切り上げ、「ご苦労さま！」「またね」と手を振ります。

一方、日本では炎天下に子どもたちを座らせて、延々と話をします。「どうだった？」「自分たちのサッカーができたかな？」そんなふうに子どもに尋ねてみんなで次の課題を話し合うのなら、悪いことではありません。ですが、多くのコーチは「あのミスがなかったら」とか「あそこでシュートを入れていたら」などと、あまり効果的でない話に終始しています。コーチが自分自身の悔しさを子どもたちにぶつけているようにさえ見える場合もあります。

元清水エスパルス監督で千葉県サッカー協会のテクニカルアドバイザーを務め、ジュニアの育成に詳しいゼムノビッチさんはこうアドバイスします。

「試合のあとは、何も言わないほうがいい。子どもは試合中は夢中でやっているから、プレーのことは鮮明に覚えていないものだよ。負ければ悔しいという感情に包まれているし、勝てばうれしい。その気持ちを寝る前にほんの少し思い出して自分で考えればいいことだ。あれこれ話をせずにサッと解散にして家に帰してあげたほうがいい」

権威を振りかざしたいとかそんなふうには思っていないのですが、親という立場で何か子どもに言わなくてはいけないのではないか。そう考える保護者もいます。

ある講演が終わったあと、ひとりのお母さんが近づいてきて私に質問されました。

「池上さん、私はサッカーに詳しくないのですが、どうしたらいいですか?」

私は少しのけぞり「えっ、どうしたらって? 詳しくなってどうしたいのでしょうか」とつぶやきました。

お母さんは「何もアドバイスできなくて……」と悩んでいます。

「お母さん、今日失敗しちゃったと落ち込んでいる子にかける言葉は何がいいか、わかりますよね？　次にまた頑張ればいいよ、また練習しようね、ですよね。勝ったと喜んでいる子には、よかったねえと一緒に喜んであげればいいじゃないですか」

お母さんは（ああ、そういうことか）と、何かすとんと腑《ふ》に落ちたような表情で帰っていきました。

保護者の方は応援団です。手作りのお弁当をこしらえて、汚れたユニホームを洗ってあげる。そんなことで十分です。無理にサッカーに詳しくなる必要はありません。大人が大人として、子どものそばに立っていること。それで十分なのです。

コミュニケーション能力を育む
～中身のある縦割り環境を用意しましょう

話を聞ける子どもにするには、大人側のコミュニケーションの手法が非常に重要だということを、すでにおわかりいただけたかと思います。

問いかけに答えたら、次は相手の話を聞く。聞いたら、次は自分の意見を言う。「聞く」と「話す」は当たり前のことなのですが、連動しています。そして、そのふたつの動作の真ん中に存在するのが「考える力」です。

第1章でお伝えしたように、考えさせるには問いかけることが重要です。コミュニケーションのなかで、「考えることの意味」を伝える必要があると思います。自分で答えを見つけ出すことがどれほど重要かということを理解させると、子どもが伸びる柱となる「自発性」が芽生えてきます。

手つなぎサッカーの話をしましたね。スムーズにできない日本の子どもたちの弱点は、応用力に加えてコミュニケーション能力の低さもあると感じます。

みなさんは、周りにいる子どもたちのコミュニケーション能力をどう感じていますか。誰とでもうまくかかわれる柔軟性、集団で問題を解決していく社会性など、コミュニケーション能力不足を感じる機会が多いですよね。私はそこもやはり、大人の責任なのではないかと考えます。

最初にリーダーシップの話をしましょう。

地域によって多少異なりますが、小学校に「縦割り活動」という時間があります。ある講演で、「縦割り活動のリーダーは何年生ですか？」と尋ねると、会場にいた1 00人ほどの方が全員「6年生かなあ」と答えました。

「なんで6年生がリーダーやるのでしょう？ 背が大きいから？ 年が上やから？ でも、6年生でリーダーじゃないほうがいいやっていう子もいますよね？ リーダーシップっていうのは、自然発生的なものじゃないと力が出ないものです。6年生に限らず、自分でやりたいっていう子がリーダーになったらいいんじゃないかな」

私がそう話すと、みなさんきょとんとした顔をしていました。

ひとつの例を挙げてみましょう。私が小学校の授業に呼ばれて行った際に、まず校長先生にこんな話をします。

――縦割り活動をするなら、グループ作りから始めてください。そのグループは1年生から6年生まで全学年で編成してください。たぶん子どもたちはグループを作ることだけで時間がかかってしまうでしょう。でも子どもたちには「グループが決まったところから遊びに行っていいよ」とだけ告げておいてください。

そうしたら、本当にリーダーシップのある子どもが声を出し始めるはずです。例えば、4年生ぐらいのリーダーシップのある子が「わーい！　おれんとこに集まれ～」と大きな声で呼びかける。すると、6年生ぐらいの温厚そうな子が「おれも入れてよ～」とやってくる。

その6年生は、さすがに6年間小学校にいるだけあって、いろんなことをよく知っていて、4年生のリーダーに向かって「おまえさ、あそこで遊ぶよりこっちのほうがいいぞ」など助言をしてくれる。本人が意識的にやっているわけではないのですが、そんなサブリーダーの役目を担ってくれるわけです。

そうすると、それぞれの子が自分が知っていること、もっているものを主張しあいながら、グループが出来上がっていくはずです――。このような話を校長先生とよくしたものです。

ところが現実は、私たちは杓子定規に「年上がリーダーになるべきだ」という大人の価値観を押し付けがちです。ですので、本当はリーダーをやりたくない6年生が我慢してやっています。もちろん、いやいやながらも役目を担うことで、成長する部分もあります。ですが、性に合わない役目を担うと、大人でも疲れますね。リーダーになりたくない子どもにとっても、非常にストレスになるのです。

次は、コミュニケーションを育む環境についての話です。

ある小学校では「1年生と6年生を指導してください」ということになりました。「ペア学年」「兄弟学級」という縦割り活動に似た取り組みです。1年と6年を合わせて150人ぐらいいます。校庭で1年生と6年生が自由に遊んでいました。

そこでちょっとした遊びをさせようと思い、6年生の子に「1年生を集めてきてね」とお願いしました。

さて、何が起こったと思いますか？　まったく集まらないのです。最高学年の6年生にお願いしても、1年と6年の150人が集合できないのです。

私は、6年生に「1年生集めて」と言えば、近くにいる1年生みんなを「はい、集まれ～」と集合させてくれると思ったのです。でも、違いました。6年生全員が、目の前にいるペアではない1年生をほったらかしにして、ピューッと自分の相手の1年生を探しに駆けだしたのでした。75人の6年生が75人の1年生をバラバラに探し回る光景は、私の目には異様に映りました。

「あのう。これって何か、ペア学年の意味がないように思いますが」

私は苦笑しながら、先生にそう言うしかありませんでした。

ペア学年で活動する意味は何でしょう。「最上級生だから、下級生の1年生をちゃんとお世話してあげてね」ということです。「自分の相手だけみればいい」というわけではありませんね。

ですが、子どもの側からすれば「ペアが決まっているから、その子をみればいい」という理屈になります。本当にそれでよいのでしょうか。

このようにいまの子どもたちは集団と集団とでつきあうといった融合型のコミュニケーションができなくなっています。これも、大人ができにくい環境を作っているからです。縦割りという環境を用意するだけで、具体的な指導の中身がないような気がしてなりません。

それでなくても、子どもたちはコミュニケーション能力を養いづらい環境に置かれています。例えば、テレビゲームでのひとり遊びをする時間が長くなりました。

「家にテレビゲームなんかないという人はいますか?」

講演で100人くらいの保護者に質問すると、3人ほど手が上がりました。100分の3。希少価値といえるような割合です。

子育て支援の講師をしていたときに、お母さんからよくこんな相談を受けました。

「うちの子どもはビデオが大好きで仕方がないんです。どうしたらいいでしょうか」

「レンタルビデオ屋さんに行かなければいいのでは?」

「でも、うちのお父さんが大好きなんですよ」

「お父さんが我慢したらいいじゃないですか?」

簡単なことですね。ゲームの好きなお父さんやお母さんも、子どもと一緒に我慢すればよいのです。

自分の子どもを育てるために、大人がちょっと努力すればいい。子どもたちはビデオを観なくても、ゲームをしなくても、外でいろんな遊びを考え出して楽しみます。

欧州に研修に行ったとき、オーストリアの小学校へ視察に行きました。

「最近の子どもたちはテレビゲームに夢中になって大変ではありませんか?」

そう尋ねると、その小学校の先生が「それはなんですか?」と不思議そうに聞くのです。そこで、テレビゲームのことをくわしく説明すると、「ああ。そういえば、そんなものがあるそうですね」と言われました。

じつはオーストリアではゲーム機は製造されていないし、輸入されてもいませんでした。お店で売っていないので買えません。すぐお隣りのドイツでは、日本と同じように子どもたちはみんなゲーム機を持っていますが、オーストリアは国として規制をしているのです。

さらにいえば、欧州では小学校にパソコンを置かないようにしている国が増えています。小学生にパソコンを使わせると、ネットでいろいろなものを見るし、簡単に情報を入手できます。なので、子どもに悪い影響を与えたり、調べる力がつかない。そんな理由から「小学生には不要」と結論づけ、パソコンを置かなくなりました。

一方の日本は、その反対です。いまどんどん導入しています。先に導入して失敗と結論づけた国のプロセスをきちんと知って、検討しなおすべきではないでしょうか。

加えて、仲間を感じたり異年齢で何かに取り組む経験をもっとたくさん積まなくては、コミュニケーション能力は育まれません。

サッカーを始め、スポーツをすることで経験できることはたくさんあります。大人はそのあたりを意識してほしいと思います。

3 チームプレーのできる子に変える

「ドリブルを始めたら止まらない」エースばかり育ててはいませんか?

ドリブルは重要なスキルですが、
「仲間を感じる」練習や指導がいまの世界基準の育成法
「個を伸ばす集団」を作りましょう

チームプレーが「個を伸ばす集団」を作る

～異年齢の集団で練習するメリットはどこにあるか

「個を伸ばす指導をしたい」

指導者の方がよく口にする言葉です。「いつかはうちのクラブからプロになるプレーヤーを出したい」「一人ひとりを伸ばしたい」とおっしゃいます。

とはいえ、常にマンツーマンで技術を教えるわけにはいきません。サッカーはチーム、集団で成り立っています。ですので、コーチの方には「個を伸ばす集団」を目指してほしい。そのためには、チームプレーのできる子を増やすこと。チームで助け合いながらプレーする価値を理解している子が伸びるのです。

その方法をお話しする前に、私が代表を務める市原アカデミーで行っているサッカープレイパークについてふれましょう。

プレイパークは、小学1年生から6年生まで一緒に練習するサッカースクールです。

子どもはアカデミーに登録すれば無料で参加できます。全体の練習時間は90分。最初に30分間ミニゲームをして、次の30分は練習メニューをこなし、最後の30分に再びゲームをします。もちろん、すべての学年をごちゃまぜにします。パークのグラウンドはとても広いので、小さめのピッチをいくつも作って7対7や6対6の試合を一斉に行います。なので、交代はなし。子どもたちはずっと動いています。

練習の最初にミニゲームを行う理由はふたつあります。

子どもの目線から見ると、最初に楽しく試合をして、ちょっと練習をしてからまた最後に試合をして帰る。90分間夢中になってサッカーができます。一方、指導する側から考えると、試合をしている様子を見ていると全体的な課題も見えてきます。その課題を修正するために、次の練習メニューを用意します。そして、最後の試合で練習したことを意識してやらせます。「さっき、どんなこと練習した?」と、子どもたちに問いかけていく。

例えば、目の前の相手をかわすフェイントを練習したのなら、そのことを最後の試合で意識させる。そうすると、最初の試合よりも明らかに子どもたちの動きは変わってきます。

プレイパークは2010年の6月から始めたので、もう子どもたちは慣れましたが、始めたばかりのころは「さあ、試合やるよ」と言うと、「えーっ、試合、いやだよ」と言う子がいました。最近、試合がきらいだという子どもが少なくありません。それは、勝つことを優先する大人たちの勝利至上主義の弊害でしょう。

いつも勝つことを要求されるので、ミスすることを非常に恐れます。他の子から「大丈夫だよ。本気の試合じゃないから」と促され、ようやく安心してビブスをつけたりしています。「本気の試合って、何やそれ?」と私は笑顔で突っ込んだりします。

勝利至上主義についてはあとでふれるとして、「個を伸ばす集団作り」の話に戻ります。ボールを渡さない6年生の話をしましょう。

試合中、常にひとりでドリブルしています。「はい!　はい!」相手は次々とドリブルを止めに集まるので、フリーになった仲間がみんなで彼に声をかけます。それでもおかまいなしで、周りをいっさい見ずに目の前の相手をどんどん抜こうとします。

ひとり目、ふたり目は突破できても、しばらくすると、彼のドリブルに慣れてきた守備陣を抜けなくなります。

そこで初めて、私が彼のチームに加わります。そしてボールを保持したら、その6年生には渡しません。

「池上コーチ、パスちょうだいよ」その子は私に文句を言います。

「いやだよ。君に渡すと、パスが返ってこないもんな」私は、味方の下級生にパスを回します。

「なんでだよ〜。パスしてよ〜」その子のイライラが頂点に達したころ、私はゴール前に走り込んだ彼にひょいとパスをします。フリーなので難なくゴール。

「やった〜！」

喜んでいる彼に、私は言います。

「そうでしょ。うれしいでしょ。味方からパスをもらえてゴールできたら今みたいにうれしいよね。それがチームプレー」

なかに入って一緒にやるまで、「おい、ひとりでやるなよ」なんて言いません。言葉ではなく体と心でチームプレーを実感できる仕掛けをするのです。パスをもらえない気持ちとパスをもらえた喜びを味わった彼は、それ以降、四六時中ひとりでドリブルをすることはなくなりました。いつもそんな指導を繰り返しているので、毎回100人を超える子どもたちは、少しずつチームプレーを学んでいきます。

このように、縦割りの異年齢のチームでサッカーをすることで、チームプレーのできる子が増えていきます。

1年から6年までが一緒に練習しているというと、よく驚かれます。

「でも、下級生は上級生とやると遠慮しませんか。それに、上級生は物足らないんじゃないですか。それで子どもは伸びるのでしょうか」

そんな質問をされることがあります。

異年齢の構成で練習をすることのメリットは十分にあります。もっとも大きな効果はチームプレーに表われます。ジェフ時代にスクールで導入して、非常に大きな成果が得られました。1年生は強くなり、6年生はやさしくなるのです。と同時に、考えてプレーするようになりました。

1年生は、6年生のような強い人に対しても、果敢にボールを取りに行くようになります。プレーも自分よりもうまい上級生の真似をします。

6年生は、1年生たちをどう使ってあげたらいいかということを学びます。「右、空いてるよ」「そっちカバーして」というように、コーチングができるようになりました。コーチが日ごろ、「声出せよ！　コーチングしろよ」と口酸っぱく言っても、なかなか言葉を出せなかった6年生が、どんどん1年生に声をかけ始めます。

同年齢の子だけでやると、弱い子は強い子に遠慮して指示を出すなどのコーチングがなかなかできません。ですが、気持ちで優位に立てる1年生に対してなら、自分の思ったことを口に出して主張できます。そうやってコーチングする習慣と力がついていきます。

加えて、1年生の技術はおぼつかないので、6年生はパスの精度を高めなくてはいけません。丁寧に集中してプレーするようになります。また、1年生の失敗は仕方がないので、仲間のミスに寛大になることを学ぶのです。

もう、おわかりになりましたね。チームプレーのできる子が、個を伸ばす集団を作るのです。

「サッカーはみんなでやるもの」という意識を

～自分さえよければいい子を変えよう

私が子どもにチームプレーができるようになってほしいと願うのは、サッカー選手としても、人としても、仲間がいる素晴らしさを体感することが不可欠だと思うからです。それなのに、個人主義な色合いの濃いいまの社会の影響をうけて、子どもたちが自分勝手にふるまう姿をよく見かけます。

ある日、プレイパークでミニゲームを始めたときのこと。こんなことがありました。コートが6つあって、6チームに分かれてやりましょうと始めると、端っこに7つ目のコートを勝手に作ってやり始めた子たちがいました。全員が4年生。同じチームから来たのか、知り合いなのかわかりませんが、その5人が勝手に試合をしていました。「どうして、みんなとやらないの？」と尋ねると、「オレたちはここで試合してるから」と気にも留めません。

私は子どもたちになるべく自由度をもたせたいと考えていますが、自由には枠があります。「いまは6つのコートでやりましょう」と話しました。

勝手にミニゲームを始めた子たちは、仲のよい居心地のいいメンバーとだけでやりたかったようです。恐らく、プレイパーク以外の場所でも、家庭や学校などにそういった自分勝手が許されてしまう環境があるのでしょう。私がやっているプレイパークではそれは許されません。6つのチームでやる。そのなかで考え出すことは自由ですが、そこから外れることは許しません。

でも、頭ごなしに叱ったりはしません。

「どうしてここで試合を始めたの？　6つのコートのなかで試合をしないといけないのに、君たちは自分たちだけで試合をやろうとしているんだよ。サッカーはみんなで楽しむもので、決まった人だけで楽しむものじゃないよ」

そんなふうに話します。

いろんな子どもとやるのが楽しいのに、自分の仲間だけで楽しんでしまう。それでは楽しさのエリアを広げられないし、学びも広がらない。大きいお兄ちゃんたちとやると、「スペースに動く」とか「逆サイドをカバーする」とか、サッカーに必要な言葉を学べたりします。そういった機会を自ら失くそうとしているわけです。

自分たちだけで楽しむものじゃないと私に言われた4年生5人は、しぶしぶ6つのコートに散っていきました。そのあと様子を見ていると、必死で走り回っていました。成功したり、失敗したり。時折、笑顔をのぞかせています。

プレイパークにやってくる保護者の方に聞くと、子どもはみんな帰ってからこう言うそうです。「知らない人と試合したけど、面白かった」

さらに、サッカーの指導をしている方は、よくこんな子どもの姿を見かけませんか。「はい、4人組作って」って言うと、素早く4人を編成したグループは安心して座り込んでいる。「えーい、おれがいちば～ん！」などと威張っています。でも、よく見ると「え～、オレたち3人だよ。どうしたらいい？」と困っている組があるのに、知らんぷりです。おまけに「おまえら、遅いぞ！」と怒ったりしています。「向こうに、ひとりで○○君がいるよ」「そこのふたりが分かれて、3人のところに入ったらいいじゃないか」そんなふうに世話を焼いたり、気を配ったりができません。

少なくとも、私がこれまで巡回して見てきた延べ40万人の子どもたちのほとんどが、そのような子どもたちでした。

同じサッカークラブのはずなのに、仲間を責めます。加えて、先ほどの5人の4年生のようにルールを無視します。そういう子どもたちが多くありませんか。

ルールを無視する子どもの話をしましょう。

私はジェフ時代に「サッカーおとどけ隊」の隊長でした。小学校でサッカーの巡回指導をしていました。

小学校の指導ですから、男子も女子もいる。サッカーをしている子も、していない子もいます。みんな一緒に試合をします。

「じゃあ、4人対4人で試合をやろう」と全員が試合できるようにコートを作ります。そこで、簡単なルールを説明します。

「男の子はシュート入れても0点ね。女の子が入れると100点。はい、じゃあ自分たちでグループ作ってね」

さて、果たしてどんなグループができると思いますか?

男子だけのグループができます。女子だけのグループというのは、なかなかできません。女の子は比較的言われたことをやろうとするので、勝手に自分たちだけでグループを作る男の子たちを冷ややかな眼で見ています。

そうなったとき、私は男子だけ4人のチームにこう尋ねます。「男ばっかりだけど、いいのか？」相手チームはきちんと男女混成になっています。「いくらゴール決めても0点やぞ。いいのか？」と聞くと「いいよ。おれたち、引き分け狙いだから」と答えます。ルール無視にはなりません。

別のコートでは、男子4人、女子4人で試合をしていました。男子チームに「0点でいいのか？」と聞いたら、「大丈夫。コーチ、おれたち勝つよ！」と言います。「えっ？　どうやって勝つねん？」と聞いたら、悪びれもせずに答えました。

「相手の女子（の体）に当てて（ゴールに）入れるんだよ」

ほほう、そんなことを考え出すのかと思っていたら、女子も負けていません。一斉にゴール前からいなくなりました。

女子4人は当てられてゴールされるのがいやだから、ハーフラインあたりまで上がっている。男子は女子を難なくかわしてボールを運んでゴールを決めます。次々にシュートしては「0点！」と喜んでいるのです。これではみんなでサッカーを楽しんでいるとは言えません。

さらにいえば、そうやって自分たちだけで0点サッカーに興じている男子4人のなかに、日の丸をつけてもおかしくない、力の抜きんでたサッカー選手もいました。将来もサッカーを続けていく子に違いありません。

いかがでしょうか。

そんな子どもたちを育てているのが、私たち大人なのです。日の丸を背負う能力のある選手が、そのようにして遊ぶ。たかが遊びと片付けるのは簡単です。でも、子どもは遊びのなかでルールや物事の本質を学んでいくものです。うまい子だけとか、やりたい子だけでやるような子どもたちが、次々と育っているのは明らかな事実です。

互いに助け合うことで意思の疎通を図る
～「感じてない子」だけに指示しない

では、子どもたちに仲間の大切さを伝え、チームプレーを身につけさせるには大人はどうすればよいのでしょう。

第1章で、ふたり組で行う「手つなぎサッカー」の話をしました。ブラジルの子はお互いの意思を感じながらスムーズにボールを動かすのですが、日本の子どもたちは、それぞれが勝手な思いでやってしまい協力しあうことができません。

サッカーでは、チームメイトが何をしようとしているのかを察する力が求められます。例えば、ピッチ中央をドリブルしている選手がいた。サイドのスペースにボールを出したら、サイドにいた選手は立ち止まっていてボールはサイドラインから出てしまった。そうすると、コーチは「いま、感じてなかったね」と言ったりします。テレビの解説者なども、よく選手同士でパス交換を失敗したときなどに「○○選手が感じていませんでしたね」などと指摘します。

コーチは「いま、感じてないよね。ちゃんと感じなさい」とは言うけど、子どもはどう感じたらいいのかがわかりません。もちろん、基本的なサッカーの知識というか認知度は、子どもによって異なります。よく「あの子はサッカーを知っているね」などと言いますね。ですが、「サッカーはみんなで助け合うもの」「みんなで楽しむもの」という意識をもっともつことによって、チームプレーが身についていきます。それに、加えて、例えば手つなぎサッカーや2対1など、相手の意図を感じる力を磨く練習をもっと取り入れるとよいでしょう。

そのようなトレーニングも含め具体的な練習については第5章でふれますが、子どもたちには「みんなで守る」、「みんなで攻める」ことがどんなことかを理解させる導きが必要です。それにはまず、指導者が指示を繰り返すのではなく、選手間の意思の疎通を図りましょう。互いに助け合うことの大切さを伝えてください。

例えば、低学年や中学年の練習でのミニゲームなどで、守備をしている子に向かって「絞れ！」と指示しているコーチがいます。サイドの相手がボールをもってドリブルでサイドの味方を抜いてきた。真ん中にいた子がその相手にマークに行ったので、中央ががら空きになってスペースができている。そうなると、反対のサイドで守っている子が状況を把握して、そのスペースに移動したほうがいい。だから「絞れ」という指示自体は間違ってはいません。

ですが、本来は、逆サイドで守っているその子が自分で「あっ、いま真ん中が危ないな」と感じてそこに行けるようになるのが一番です。それには、ゴールキーパーとか中盤にいる子などほかの選手が気づいて「真ん中、危ないよ～」とか「もっと中を守ってくれ～！」と言ってくれたほうが、その子はより気づけるようになります。「あっ、あいつ気づいてない。教えなくちゃ」と仲間が気づく。それが大事なのです。指導者だけがわかっていても、子どもたちにはできません。全員を集めて「いま、どこが危なかった？　どう思った？」とひとりずつ問いかけてみてください。「真ん中が空いてたから危なかった」と答える子がいたら、「じゃあ、どうしたらいい？」とまた質問。「逆サイドのA君が行けばいい」と誰かが答えたら、「A君、気づいていたように見えた？」とまた質問。「気づいてなかったみたいだった」

「じゃあ、みんなどうしたらいい？」そこで初めて結論が出ます。

「A君に教えてあげたらいい！」

「そうだね。気づいたらすぐ声かけてあげたらいいね。それがチームプレー」

守備のカバーリングは、一つひとつのプレーを教え込んでいるチームより、子どもに考えさせることに重点を置いているチームのほうが間違いなく上手にできます。攻撃の際に自分の前のスペースに走り込むことに気づけなかった子には、パッサー以外の子が「前に走れ！」と声をかけてあげる。そんな助け合いがチームプレーを生み出すのです。このような子どもの気づきは、練習を繰り返すだけでは解決できません。

そして、もうひとつ大事なものがあるとすれば、指導者が「言葉の意味」を正確に伝えること。プレー中ではなくミーティングのときに、「絞れっていうことの意味はこういうことですよ」と教えてあげてください。攻撃なら「サポートっていうのは、こういうことですよ」そういったことをミーティングできちんと伝える。まずはちゃんと頭のなかで言葉の理解をさせておくことは必要でしょう。

夢中になったコーチが、普段使っていない言葉を使ってしまうことも多々あると思います。そこに気をつけて、そしてわかりづらい難しい言葉は使わないことです。

ジェフに祖母井さんがいたころは、ピッチで使う言葉を「ジェフ仕様」に直してコーチや選手間で統一していました。例えば、日本サッカー協会の示す「Ｍａｎ　ｏｎ！」（マン・オン）は、「相手が（背後に）いるよ」。「Ｔｕｒｎ！」（ターン）は、「相手がいないよ」「前を向け」相手が背後にいないからターンしろという意味です。このように英語の声かけを推奨していました。しかし、そのころのジェフでは英語ではなく、日本語のほうが実感できる、ということでチームで日本語に統一していました。そうすれば選手は迷いません。

コーチが勉強して新しい言葉を見つけてきたら、勝手に使うのではなくきちんと子どもたちに説明をしましょう。「これからこんな言葉を使ったときはこうすることですよ」とミーティングで言ってあげる。それから練習に入る。そういった手続きが必要だと思います。

「絞れ」「サポートしろ」「スペースをつけ」――。コーチの口からよく飛び出す言葉ですが、子どもに理解されていないのに、オウム返しのように使っている指導者が少なくないようです。子どもが理解しているかどうか。これを大人側が「感じていない」のです。「そのうちわかる」とおっしゃる方もいますが、あらかじめ説明しておくほうが間違いなく子どもの理解度は増します。

ひとりでやるのはサッカーじゃない。チームプレーをするのが本当のサッカー。それが理解できれば、普段の生活も変わってきます。相手のことを考える。困っているのか、わからないのか、うれしいのか、悲しいのか。人の気持ちがわかるようになる。そんな子に育てられたらいいなと思っています。

チームプレーができない大人になっていませんか？

～子どもを真ん中にした話し合いを

最後に、チームプレーのできない大人の話をしましょう。

0点サッカーに興じていた子どもたちのように、自分さえよければいいと思えるようなふるまい。ルールを守れず、他人のことは意に介さない。仲間を大切にしない。

そして、チームプレーができない。そんな子どもたちの姿、誰かと重なりませんか？　そうです。私たち大人です。

大人もチームプレーができなくなっています。

近ごろのジュニアユース（中学年代）のチームは、中1、中2と年代別の試合や大会が増え、学年別の横割りの強化になる傾向にあります。あるクラブでは、コーチも学年別に分かれていて、それぞれのコーチが成績や結果を競い合うような風潮があるそうです。2年生に行かせたほうがいい能力の高い選手でも、1年生のコーチが離さない。その年代でチームを作り上げるので、そこから抜けられると困るわけです。そんなことをしていると、だんだんコーチ間の仲が険悪になってきます。コミュニケーションがうまくいかないので、どの選手が伸びているとか飛び級させるかなどという選手に関する必要な話さえクラブ内でできなくなります。

小学生のクラブは、学年が6つに分かれているぶん、中学生以上に学年別の強化になりがちです。コーチの数も多いので、チーム編成や指導方法でコーチ同士が衝突することが少なくないようです。例えば、他のコーチのやり方を一方的に批判したり、他のコーチとは一切話し合わず自分の子だけを上の学年でプレーさせるなど、個人の思惑だけで動く指導者の話をよく聞きます。そのたびに、「たかが子どものサッカーじゃないですか。どうしてそんなに熱くなってしまうんでしょう」とため息をついてしまいます。

少年サッカーにかかわる方たちが情熱を傾けてくださっているのは、本当によくわかります。日本サッカーの土台を築こうとする情熱には心からリスペクトします。ですが、ベクトルを向ける方向を間違うと、個々の情熱は争いを生む火種になります。

互いの考えを否定することから始めるのではなく、尊重しながら意見を融合させていく方法をとるべきですが、私が聞く範囲では問題が生じても折り合って解決できたという話は残念ながら聞きません。最終的に少数派のコーチが辞めてしまうようです。せっかく少年サッカーのコーチとして育成のキャリアを積んでいるのに、残念なことです。子どもを真ん中に置いた価値観をもって、きちんと話し合えば済むことです。

このように、大人自身がチームプレーができていないのです。

一方で、強化方法が一本化されていたクラブもあります。

Jリーグで黄金時代を築いていたころの東京ヴェルディがそうでした。ジュニアユースの中学1、2、3年生は、全学年が練習も試合も一緒でした。1年から3年までがAチームとBチームのふたつに分かれ異年齢の集団を形成していました。具体的に言うと、1年生でAの選手もいるし、3年生でBの選手もいる、そんな集団です。現在イタリアでプレーする森本貴幸がいた時代です。

東京ヴェルディはそれ以前も同様の仕組みで育成をしていました。前身の読売クラブの時代から「力があるやつが上に行って当たり前」というチーム風土がありました。それをずっと引き継いでいたので、読売から出てきた選手たちはひとりよがりでなくきちんとチームプレーができる、いわゆる大人のプレーをする選手が多かったように思います。

読売のユースやジュニアユースには、トップチームという明確な目標と育成の視点がありました。当時の中学や高校の部活動とは明らかに異なるものでした。私が21歳で読売の入団テストを受けたとき、当時の監督さんからこう尋ねられました。

「サッカーでダメだったら、君はどうするの？」

私が指導者になりたいという希望を話すと、「そうか。それならばオーケー」とうなずかれました。読売はサッカー選手としての人生をイメージしながら育成を行っていたのでしょう。勝利の追求という観点とは異なる「選手を育てる」部分を柱にしていました。それがかつての読売を支えていたに違いありません。

少年チームのクラブも、当時の読売クラブのようにぜひ明確な目標をもって運営してほしいと願います。例えば、「サッカーを好きになる」「中学年代でサッカーを続ける子をひとりでも増やす」「自分で考えてプレーできる子にする」そのような視点をもって、コーチ同士できちんと話し合ってほしいと思います。

現在の日本のジュニアユースは、U13（中1）のリーグ、U14（中2）のリーグといった、年代ごとのカテゴリーで公式戦を設定しています。中学校、クラブごとで飛び級はあるようですが、練習の段階からもっと異年齢の構成でやっていいのではないかと私は考えます。

中学年代の強化については、子どもの伸びしろを考える最終章でふれますが、一つひとつのチームの所属人数をコンパクトにすべきではないでしょうか。

私がジェフで育成部長を務めていたとき、ヴェルディのように1年から3年までを2チームに分けたかったのですが、中学生のリーグが学年ごとの試合設定なのにジェフだけが異年齢構成の2チームに分けることは難しい。やはり、学年ごとで3チームもってないとやっていけないという結論になりました。

全体で抱える人数を減らして、1年から3年まで25人ぐらいで2チームもつ。そんな仕組みを作りたかったのですが、叶いませんでした。

近い将来、市原アカデミーでもジュニアユースのチームを作る予定です。そこで前述したような強化システムをぜひ実現したいと考えています。

4 走れる子に変える

運動量の少ない選手を「体力がない」「根性がない」と決めつけていませんか？

試合数の多さが「省エネサッカー少年」を作り出しています
1日の試合数を1～2試合にすれば、
夢中で全力プレーする時間帯が増えてきます

大人がチームプレーできない原因とは

～欧州も頭を痛める勝利至上主義

「走れる子」を育てる話をする前に、ふれておきたいことがあります。

第3章で、ひとつのクラブで大人同士がつながることができていないという話をしました。大人自身、チームプレーができないのはどうしてでしょうか。私は勝利を追求することが優先されているからだと思います。

少年サッカー同様、中学年代も中1の試合、中2の試合と学年ごとに勝利することを求め過ぎているように感じます。その先のユース年代も同じ状況です。

中学を卒業したら16歳になります。世界ではもうプロに進むかどうかを考える年齢です。ところが、日本の16歳にそんな様子はありません。高校サッカーか地元クラブのユースに進むかを迷う。そんな段階です。

数年前にロシアのクラブチーム「スパルタクモスクワ」のU14が日本に遠征に来ま

した。ジェフの中2と試合をしたのですが、ロシアの子どもたちのなかにはあと2年経つとプロになるかもしれないなと思わせる選手が3人くらいいました。長い海外遠征を続けてきたなかで、それが最後の試合で相当疲れていたと思いますが、非常にタフで運動量があり、かつ選手同士が連動するサッカーを見せてくれました。

対するジェフの14歳には、2年後にプロになれそうだと感じる子はゼロでした。違いは何なのでしょう。それは、選手が最終目標にしているところがプロになることであり、コーチ陣も彼らにトップのプレーを身につけさせる指導をやっているということです。

トップのプレーを身につけさせるには、勝利を追求するために中盤を省略しすぎたり、パワープレーに偏るサッカーをしていてはいけません。勝つことを重視したチームのカラーに選手を染めてしまうのではなく、個々の持ち味を活かしながら選手の考える力を伸ばす指導をすべきだと考えます。

ところが日本では、目指しているものが中学や高校のカテゴリーで勝つためのサッカーだったりします。トップのプレーを目指せない原因は、それぞれのカテゴリーで大会があって、その大会でなんとかいい成績を収めることが優先されるからです。指導者の大半のエネルギーがそこに注がれるため、丁寧な技術の育成、無理がなく無駄のない体作りは後回しにされます。コーチに純粋な育成に取り組む精神的な余裕が与えられていないようです。勝利を目指し安定した試合運びを求めるため、思い切った飛び級が少なくなります。

ブラジルに行った際、サンパウロ市のU15の子どもたちの試合を観ました。そこにふたり、確実にプロでプレーできそうな子がいました。コーチによると「たぶん来年は飛び級で上に行ってしまう」と。U16からU17ではなくて「ふたつ超えてU18に行ってしまうだろう」と言うのです。

そういう子たちを前にコーチたちは「すぐにでも行ける実力はあるけれど、いまはここで我慢させている」と言います。選手には「ここでやるべきことをやりなさい」と話すそうです。どんどん上に行かせるのではなくて、ちょっと止めておいてしっかり育てる。そして、その子のプレーや精神的な成熟度、自覚などを見極めたタイミングでポンと上に上げるのだそうです。

では、日本の少年サッカーの現状はどうなっているのでしょうか。以前あるスポーツ紙のサイトで私が綴っていたブログに、コーチの方からこんなコメントが届きました。以下に抜粋しましょう。

一番悩んでいるのは「全員を平等に試合に出す」という点です。5、6年生になると（学年ごとに）「代表チーム」と「それ以外」に分かれます。練習時間も場所も異なります。「それ以外」には出場できる大会がありません。コーチたちは「勝利至上主義ではない」と口では言うものの、チームの目標は「全国大会出場」だったり大会で勝つことだったりします。純粋に楽しく全員でサッカーをするよりも「勝てるクラブ作り」が優先されているのが現実です。

いかがでしょうか。「それ以外」のチームの子は5年生から2年間、試合には出られません。このような仕組みだけを子どもに教えてよいのでしょうか。

『11の魔法』を出して以来もっとも多かった反響のひとつが、同書で書いた「大人の勝利至上主義には三つの弊害があります」というくだりでした。弊害のひとつ目は「子どもがサッカーをしなくなる」ということ。勝つことがすべてという価値観のもとでサッカーをしている子どもは、1点でも取られると下を向き自分たちのサッカーができなくなります。ふたつ目は「子どもが上達しない」。つなぐサッカーができなくなり、コーチから「大きく蹴れ！」と指令が飛んだりします。3つ目は「チームに過度な摩擦が起きる」こと。負けるとミスした仲間のせいにして責める子が出てくる――。そんなことをお伝えしました。

しかしながら、抵抗のある指導者や保護者は「池上さんの言うことはわかるけど、勝ちたいという子どもの気持ちはどうなるんだ」と疑問をもっているようでした。

じつはその疑問には、『11の魔法』でも「全員に出場するチャンス（権利）を与えよう」で答えています。要約するとこのようなことです。「小学生だからこそ、力の差があってもみんな出られる。それを大人が教えるべき。小学生に勝たなければいけない試合などありません」

より具体的な回答を紹介しましょう。東京都でナンバーワンになったこともある女子チームの監督さんが、こう話したそうです。

「どんな試合でも一番勝ちたいのはコーチと保護者ですよ。でも、子どもたちは試合で悔いなく一生懸命やれば自己完結している。子どもは是が非でも勝ちたいなんて思ってませんよ。だから、僕らは6年生の最後に全員がどんな姿になっているか、彼女らの集大成を想像しながら指導すればいい。勝利はあとでついてくるものです」

その通りだと思います。4年生や5年生で次の試合、その次の大会と勝利だけを目指して焦るのではなく、どんな姿で次のステージに上げるかを考えてほしいのです。「明日の試合」ではなく、「最後の試合」の姿を描けばよいのです。小学生の女子チームは男子に比べて人数が少なく縦割りで強化するので、指導者が焦らずに済むのかもしれません。

世界を見渡すと、勝利至上主義にとらわれない育成システムへすでに転換しています。サッカー先進国の欧州やブラジルでは少年サッカーのカップ戦はほとんどありません。ブラジルはかつて、少年チームが勝利至上主義に陥り、よい選手が出てこなくなったため全国大会を廃止しています。フランスも12歳以下のカテゴリーは、県レベルの協会が交流戦として定期的にリーグ形式で試合を設定しています。

聞くところによると、フランスでも過度な勝利至上主義はテクニカルな選手を育成するためのマイナス要素であると判断され、問題視されているそうです。その対策として、数年前からは12歳以下のリーグで昇格・降格の制度を廃止したといいます。

デンマークサッカー協会の10カ条を思い出してください。10番目の文言はこうでした。

「コーチは子どもを教え、導くことはできる。しかし、勝つことが大切か否かを決めるのは子どもたち自身だ」

要するに「絶対勝て！」といった導きはすべきではないということです。育成年代の勝利至上主義に警鐘を鳴らすこのようなアナウンスがあるということは、デンマークでもフランス同様にそれがスムーズな育成を妨げるひとつの要因だと判断している証拠です。同じようなアナウンスは、各国のサッカー協会から出ています。トーナメント戦が主体の日本と異なり、通年のリーグ方式を採用して勝利至上主義に陥らない環境設定をしているはずの欧州でさえ、その問題に頭を痛めているのです。

勝利至上主義が「走れない子」を作る

～1試合に集中させて心と体の持久力を育てよう

勝ち負けを競うのがスポーツですから、勝つことはもちろん重要な要素です。「勝ちたい」という意思の強さが、勝つか負けるかの瀬戸際で力を発揮することは私も十分承知しています。しかし、コーチが勝つことにとらわれすぎると、試合のたびに指示が増えてしまい選手の考える力が磨かれません。叱る場面も自然と増えます。勝たなくてはと大人が試合をコントロールしたくなるため、サッカーの質も低下しがちです。

第2章で紹介した『〈勝負脳〉の鍛え方』の著者、林成之氏もこう書いています。

〈試合に勝つことは目標にすぎないはずなのに、勝つことを目的においてしまうと、成果主義の考え方が生まれ、やみくもに「できない」と叱ることになります〉

4 走れる子

「小学生の年代は、勝敗よりも子どもの育ちに主眼を置きましょう」

私はそう言いたいだけなのです。

ここからようやく本題です。

私が考えるもうひとつの勝利至上主義の大きな弊害は、「走れない子を作る」ということです。

日本のプロ選手の中にも、テクニックがあるのに走れない選手が少なくありません。厳しい言い方ですが、少なくないのであまり目立たないだけです。ボールを保持しすぎる。人と連動する流れを止めてしまう。スタミナが続かない。オシムさんも日本代表の監督になった当初、Jリーグを観戦するたびに「日本の選手はもっと走らなくてはダメだ」とおっしゃっていました。

少年サッカーの指導者からもよく、「うちの選手は走れなくて」という話を聞きます。次にくる言葉はたいてい「根性がなくて」「体力がなくて」です。

本当にそれが理由でしょうか。走れない子が多いのは、勝利を追求しすぎる現状からくるマイナス面だと私は思います。

例えば、日本の少年サッカーでは、1日3試合くらいは平気でやります。しかも、その都度勝つことを優先しているため同じ選手がずっと出場します。そうすると、出ずっぱりの子どもは無意識のうちにペース配分をします。意識的にする子もいるでしょう。大人が勝つことを要求してしまうと、相手との力の差を測りながら、戦況をみながらプレーするわけです。低学年であっても、自分のコーチが全員出場させるコーチなのか、そうでないのかをすでに知っています。

ですので、ひとつの試合で精いっぱい動いて力を全部出し切ることができません。全力でプレーする時間が非常に少ないのです。そのようなことが習慣として身についてしまうと、全力プレーを続けるサッカーに必要な持久力はもちろん、めまぐるしい展開に対応していく精神的な持久力も養われません。

サッカーのラン（RUN＝走り）は、持久走やマラソンとは異質のものです。例えば、3試合の時間を同じスピードで走るわけではありません。年代ごとに定められた1試合の時間のなかで、トップスピードでのプレーを繰り返していくことが望まれる競技です。

なので、私は全員が1日1試合をできるという仕組みにする必要があると思います。できれば、フランスやドイツなどのように、通年のリーグ戦方式で1日1試合。クラブに人数が多ければ、2チーム出場させればよいのです。ただし、現状の日本ではリーグ化されていないところがほとんどですから、1日2試合くらいにして、全員をなるべく出場させ、一人ひとりが全力でプレーできるようにしてほしいと思います。

日本の少年サッカーは、おしなべて試合数が多すぎるのです。練習試合を含めると、中学年や高学年で年間100〜150試合を戦うクラブもあるそうです。日本の育成の現状をよく知るゼムノビッチさんはこう言います。

「日本の子どもたちのやっている試合は、次につながるやり方じゃない。リーグ戦で30試合とかであれば、試合ごとに次はどうしようか？　とコーチも選手も余裕をもって考えて準備の練習をする。成績も試合ごとに変わっていく。でも、日本の試合はトーナメント方式が圧倒的に多いから、次にどんなチームがくるかもわからない。年間の試合計画が立てられないでしょう」

要するに、その都度勝ち負けの結果だけが残って、具体的な強化ができていないのではないか――。ゼムノビッチさんはそう指摘するのです。

走れる子を育てる3つの方法
～試合のやり方・練習メニュー・夢中にさせる

走れる選手を育てる方法は、大きく分けて3つあります。ここで一度整理してみましょう。ひとつ目は、先ほどお話ししたように、ひとりの出場時間を1日1試合までとし、全力プレーを促すこと。試合が複数あるのなら、なるべく平等に起用して全員に試合経験を積ませることです。一部の選手だけでなく全員が走れるようになることで、「走れるチーム」としての底上げができます。

全国の都道府県の協会のなかには、育成年代は全員が試合をできるようにチーム登録のやり方を変えることを検討しているところもあります。例えば、人数が多かったら全員が出場できるよう登録を3チームにするなど、そういったことを義務づけるこ

4 走れる子

とを考え始めているそうです。

ふたつ目は、ひとりでやる練習よりも、2対1、2対2、4対4など複数で行うオープンスキルの練習を増やすことです。

ジェフ時代に、サッカー教室を行った日のことです。3、4年生が3人1組になって、2対1でボールをキープするトレーニングから始めました。「よーい、始め！」3分ほどやってちょっと問題点が見えたので、全員を集めました。すると、子どもたちは膝に手を当てて早くも「疲れた……」とつぶやいています。

どうしてなのでしょう。

思うに、日頃ひとりでやるトレーニングが多いため、動きながらプレーをする機会が少ないからではないでしょうか。そのため、動きながらやるとすぐに疲れてしまう。先に指摘したように精神的な持久力がもたないのです。試合で全力プレーをしていないことと併せて、練習メニューの内容が影響していると私は考えます。

欧州やブラジルなどの南米では、練習で非常にたくさんミニゲームをします。そのなかで、子どもたちはいつも動いています。日本では運動量の少ない子を見つけると、体力をつけるために別メニューで走らせたりしますね。でもじつは、そんなことをする必要はありません。

例えば、私は年齢のカテゴリーにかかわらず、よく2対1の練習を採用します。基本的にエリアはフリーで、ふたりでボールをキープし、ひとりが取りに行く。よくある練習メニューの「鳥かご」と一緒です。最初はゴールをつけず、ボールの取り合い。取られたら攻守を交替していきます。そして、ふたりで取られないことを理解したら、小さいコートでコーンにバーをつないだゴールをつけて試合形式で行います。ゴールが出てくるとさらに集中してきます。ふたりが相手のひとりにボールを取られると、ひとりは相手のマークをしてボールを取りに行くのですが、もうひとりはゴールキーパーになります。欧州の子どもはふたりでボールを奪いにかかりますが、日本はこのように非常に守備的になります。これでは2対1の練習の意味がないうえに運動量もアップしません。

さて、みなさんはどうされますか?

私がやるとしたら、ひとり側のゴールにさっと近づいて少し大きくします。コーンの間隔を広げるわけです。そうすると、ひとり側がゴールを決めたりします。「あのう、すみません。ふたりチームがひとりチームに負けてますけど、どうしてですか？　どうしたら勝てますか？」と問いかけます。

「だって、あっちはゴールが大きいもん」とふたりチームはほっぺたをふくらませています。「でも、君たちもふたりいるんですよ」と言って、ふたりでボールを奪いに行くまで待ちます。なかには、ふたりで奪いに行く子もいますから、そういう子たちと取りに行かない子たちを組ませたりします。そうすると全員がだんだん練習の主旨を理解していきます。

個々の性格的なものもあると思いますが、守りに入るのは日本人のメンタリティの問題かもしれません。ふたりでボールを奪いに行かない子が多いのは、やはり日本の教育や指導の仕方も影響しているように感じます。

負けたくない、ゴールされたくない。だから守る。その裏返しは「失敗したくない」という感覚です。

なかには、キーパーに入ったひとりの子が、自分たちがボールを取り返してもずっと自陣にいて攻撃しないケースもあります。ボールを取り返した子だけがドリブルで攻撃して、ひとりはずっとキーパー役のままです。そんなとき、全員を集めて話します。

「この子はいつまでもここにいる。だから攻撃するのに時間がかかる。どうしてここにずっといるんでしょうね？」

ふたりチームでやる意味を理解する。ふたりでボールを奪って、ふたりで協力してゴールする楽しみを経験する。それを学年が上がるごとに、きちんと理解してほしい。これを1年生からやっていると、2年生になるころには、けっこうできるようになります。

あるクラブで試したコーチによると、1年生の終わりごろになると、子どもたち全員明らかに変化が出てきた。ボールをもった瞬間から、すぐ味方を探すようになったそうです。探しながら、その動作をフェイントにして自分でドリブル突破を試みたりもできるようになった子もいました。

別なクラブでは、2年間やった3年生の子たちと私で3対1を一緒にやったことがあります。簡単に点を取られました。すごくいいタイミングでパスを出して、３人が連動して攻めます。本当に面白かったです。

ほかにも、４対４などそれくらいの人数でやるのもよいでしょう。ボールが一度動いたら、あとの３人が必ず考えて一斉に動く。そんな感覚を身につけながら、足を止めずに走りまわる。そのように実戦的で勝ち負けの要素のあるオープンスキルの練習を、たくさんしてください。

最後の３つ目は、子どもがサッカーに夢中になることです。

『11の魔法』で、小学生年代はサッカーを楽しませるということに重点を置いてほしいという話をしましたが、それすらも抵抗があるようです。「池上さん、楽しいだけでは勝てませんよ」と言われます。「楽しい」というとどうも、へらへらしたり、ふざけたりという様子を思い浮かべてしまうようです。

私が言いたかったのは、楽しいというのは「夢中になる」ということ。子どもは夢中になれば伸びます。相手を負かすために作戦を練ったり、いいプレーが見たくてサッカーの番組を録画して観たり。そんなことも、子どもが夢中になっている姿です。

この夏に市原アカデミーで開催したキャンプでの出来事です。9時半練習開始を目指して、私はピッチの準備をしていました。すると、待ちきれない子どもがほかの大人と試合を始めました。大人に勝ちたくてみんなでポジションを考えたり、作戦を練ってやっていました。

9時半になりましたが、私はそのまま続けさせました。子どもは勝手に水を飲んだり、手伝いで来ていた大学生が「もう、動けな〜い！」などと言って一時休憩したり。それでも、みんな試合をやめません。「そこ、ディフェンスもっとつめて」などと真剣な表情でプレーしています。炎天下、1時間以上子どもたちは走り続けていました。

もし、私が9時半になって「みんな、集合」と集めて練習を開始したら、どうなっていたでしょうか。「コーチ、水飲んでいい？」とひと休みする子が続出したと思います。楽しく充実したトレーニングであれば、子どもたちは夢中になって取り組みます。そして、夢中になると、おのずとミスにも厳しくなる。いい加減ではいられなくなるのです。

スイスの勝利至上主義緩和策

～一番大切なのは「プレーができる」ということ

夢中になる、楽しくなるサッカーを選択しない場合、サッカーをやめてしまう子も出てきます。

「楽しくサッカーをするのが一番ですよね。私は息子を追い詰めていました。もう少しでサッカーをやめてしまうところでした」

息子を叱るばかりだったお父さんがそんなふうに変われる一方で、悲しくなる話も聞きます。

子どもに考えさせる指導をしていた方のチームが、ある日下級生に負けてしまいました。考えさせるやり方では勝てないから、教え込む指導をしようと他のコーチが言い出しました。厳しくなって子どもに罰を与えることも多くなり、一度に3人もサッカーをやめてしまいました。やめた理由を聞くと、子どもはこう言いました。

「ぼくがいたら、チームに迷惑をかけるから……」

どう思われますか？

チームに迷惑をかける——。その子の心のなかの葛藤を思うと、私は胸がつまります。表面的には、彼は自分からサッカークラブをやめたことになる。でも、じつは何かによって、その手からサッカーを奪われたのではないでしょうか。

欧州でもいくつかの国は育成年代の勝利至上主義に頭を悩ませていると伝えましたが、それぞれ是正の対策を講じています。

例えば、スイスサッカー協会は、少年チームにある「カード」を配布しています。ハガキくらいのサイズのカードで、子どもの大会の際、子どもたちはそのカードを応援に来ている大人たちに渡しに行きます。私もスイスへ研修に訪れたときに手渡されました。邦訳すると、そのカードには以下のような言葉が並んでいます。

大人の方々へ。

ぼくたちの試合を観に来てくださってありがとうございます。

4 走れる子

また、いつもぼくたちのスポーツ活動を支援していただいてありがとうございます。今日という日は、ぼくたちの一日です。ぼくたちはサッカーを思う存分やろうと、喜んでここに来ています。

もちろん、誰だって勝ちたいにきまっています。

でも、一番大切なことは「プレーができる」ということです。

だからどうか、ぼくたちの思うようにプレーさせてください。

ピッチのそばで怒鳴らないで、相手チームのサポーターに対しても、フェアでいてください。ミス・プレーをいちいち、なじらないでください。ぼくたちはしょんぼりするだけで、何の役にもたたないからです。

以上、よろしくご理解ください。

子ども一同。


そんな言葉が書かれたカードを大人は1枚ずつ手渡されます。

これをもらって大会に臨むとどうなるでしょうか。スイスサッカー協会はそんなことを考えてカードを作ったのでしょう。

じつは翻訳したものを千葉で使ったことがあります。少年サッカー大会に訪れた保護者に配ってみました。そうすると、大人は誰も何も言わずシーンとしていました。お通夜のようなサッカー大会になりました。

「応援していいんですよ、頑張れ～、いいぞ～って、言っていいんですよ。ひょっとしたら普段、何してんねん！　って言ってるのでしょうか？」

私はお父さんやお母さんたちに、笑ってそう言いました。

スイスの子どもたちが、小さな手で1枚1枚親たちに手渡すカードに書かれている言葉をいま一度かみしめてみてください。


誰だって勝ちたいにきまっています。

でも、一番大切なことは「プレーができる」ということです――。


勝つことよりも、より多くの子どもたちがサッカーに親しむことを目標にしませんか。「プレーができる」ことを目指しませんか。勝利よりも、サッカークラブや少年団のコーチの方々には、重大な任務があると思います。

それは、日本全国大きな都市にも小さな町にも、大きなサッカーのすそ野を広げることです。子どもの競技人口は、そのスポーツのもっとも大きな力なのですから。

そんな話をすると、勝つことにこだわる指導者のなかには、クラブ運営を理由に挙げる方がいます。

「チームが弱いと子どもが集まらない。少子化なのにクラブの存続が危うくなってしまうから、存続させるには勝つしかない」

クラブが存続できれば、やめる子どもが出てきても構わないのでしょうか。戦力じゃないから？　チームに大きな影響がないから？　何かが間違っていないでしょうか。少年サッカーを支えるみなさんには、オシムさんの「スポーツは育てるもの」という言葉をよく考えてほしい。クラブの魅力はどんなものにするべきかを、みなさんで議論してみてください。

「あそこのクラブは子どもをきちんと育ててくれる」

「あの少年団は子どもがやめないらしい」

「あのチームはすごく楽しそう。それに、みんなよく走るね」

そんな魅力をクラブで育ててほしいと私は願います。都大会や県大会にいつも出ているから、強いからというイメージではなく、選ぶ側も本当に子どもを育てているかどうかを基準にしてほしい。「ぼくがいたら迷惑だから」とやめてしまう子どもをひとりでも出してしまってはいけないのです。


子どもは、スポーツによって育てられることを必要としています。

私がジェフ時代に行っていたサッカーおとどけ隊は当初、地域のクラブチームをまわっていました。でも、クラブチームを訪問すると、2年目は呼んでもらえませんでした。理由は「強化にならないから」でした。

「そんな練習をしてもらっても強くならない」「もうすぐ大会があるのに、こんな練習では試合で役に立たないのでもう結構です」そう言われました。

当時ジェフのGMだった祖母井さんと私は、「それはサッカーを理解していないね」

と話しました。祖母井さんは「もっと子どもたちが自由で楽しくいろいろなことが学べるスポーツとして、サッカーを伝えたほうがいい」と言いました。そこで、最初に掲げた方針を曲げずに、そのまま続けることにしました。

クラブ以外に小学校なども巡回していたのですが、学校関係からは「ぜひ、学校の体育や総合の時間で指導してもらえませんか」とリピートの依頼が増えました。2年目以降からは、クラブよりも学校を中心に幼稚園、保育所などを巡回しました。市原市と千葉市、ふたつの町だけで、小学校、幼稚園、保育所など190か所ほどありますが、98%くらいまわっています。

年間およそ190か所をまわって地域のいくつかのクラブも指導すると、1年間に6万人ぐらいの子どもたちに出会えました。ジェフに在籍した7年半で、指導してきた子どもたちの数は延べ約40万人になります。

学校を中心にまわりながら私が感じたことは「学校に行くことは大切だ」ということでした。いまを生きる子どもたちが、どんなふうに育っているのか。それが学校に行くとよく見えたのです。自分で考えられない、話が聞けない、仲間を感じられない、コミュニケーションができない。そんな子は少なくありませんでした。

もちろん「よく育ってるな」と感じる子どももたくさんいましたが、学校の先生たちはみんな「年々、教えるのが難しくなってきた」「現状をどうしていいのかわからない」と悩みを口にしていました。

ですので、みなさんにはサッカーで子どもたちを育ててほしいのです。祖母井さんが言ったように、サッカーは「子どもたちが自由で楽しくいろいろなことが学べるスポーツ」なのですから。

ぜひそのことを念頭に置いて、指導のやり方を見直してみてください。

5 実戦的なスキルを磨く

対面パスなど「ひとりでやるメニュー」に時間を費やし過ぎていませんか？

相手がいない状況での「クローズドスキル」より、相手がいて変化する状況に対応する「オープンスキル」の練習を増やしましょう

すべての基本練習ができる2対1

～スキルその1　パスとドリブル

小学生の低学年や中学年の練習で、対面パスやコーンドリブルをやっている子どもたちをよく見かけます。技術を身につけていくプロセスとして、日本ではまずひとりで行うトレーニングが多いようです。それらの練習は「クローズドスキル」と呼ばれています。もちろん、それらは基本技術を身につけるためには重要ですが、もっと相手がいて変化する状況に対応する「オープンスキル」の練習を増やしてほしいと思います。

なぜなら、試合中に止まったボールをキックする場面はコーナーキック、フリーキック、ゴールキックくらいです。ほとんどが相手をかわすことを考えながら、動くボールをコントロールして蹴ります。そう考えると、止まっているボールを蹴ることは、本来の技術練習ではないということです。

例えば、ひとりでやる壁パスは、蹴り方を覚えるためには有効です。取りに行かなくていいので何回も蹴ることができます。ただ、それは基礎・基本ではありません。キックの基礎・基本は、動かない壁ではなく動いている人に向かって蹴ることです。そこをたくさんやってほしいのです。

そう考えると、キックのスキルを磨くには2対1の練習が有効です。体が小さく近いところにしかパスが飛ばない低学年にもできます。2対1なので狭いエリアでできて、パスもできる、シュートもする。キックのレベルが上がります。

3年生ぐらいになってくると、スペースを少し広くして3対1や3対2にしてあげるとよいでしょう。そうすると蹴る距離も伸びたりします。指導する視点を変えれば、ディフェンスの練習もできます。守りがよくなると、それをかわすキックの技術も比例して上がってきます。周りの状況を見ないといけないので、自然に顔が上がってくる。周囲を見渡せるようになり、視野をもてるようになります。

反対に、自分ひとりでやるクローズドスキルは、周りの状況を見る必要がないのでとりあえず蹴っている。そうなると、実戦では動いている選手に向かってうまくパスを通せません。日本の選手はスルーパスが非常に少ないように感じます。でも、オランダなどはどんどん前にパスを通します。その差は、子ども時代のトレーニングの質が影響していると思うのです。

やり方としては、最初は「そこに味方がいるよ。構えて蹴ってごらん」。だいたい蹴り方がわかったら、相手の味方を走らせて「蹴ってごらん。試合でもそんな場面がいっぱい起こるよ」と話します。実戦でやってみてちょっとまだキックがうまくいかないなと感じたら、もう一度「構えて蹴ってごらん」のクローズドスキルの練習に戻ってみたらよいのです。

まずクローズドスキル。それができるようになったらオープンスキルをやるという積み上げ方式ではなく、同時にやりましょう。欧州の育成事情に詳しい祖母井さんには「基本的なことは教えないといけない。でもだいたい理解したら、できるだけ早く試合形式の練習にしたほうがいいよ」といつも言われます。

日本は育成年代で、そのような実戦的な練習を始めるのが遅すぎます。

なぜ遅くなってしまうかというと、いつまでもだんごサッカーをやっているからです。だんごになったとき、だんごの先頭でボールを持ってドリブルしている子に向かって「よし、行けー！　それでいいぞ」と日本の大人は言っています。だからといって、最初から厳格にポジションを決めて教え込むのではなく、2対1を普段からやっていれば攻撃のイメージと技術はついてきます。欧州では、6歳の子が当たり前のようにパス交換をして、スルーパスを出します。そういった実戦的なことを経験しないとプレーの幅が広がっていきません。

特に現代のサッカーは「ポゼッション・サッカー」といわれるように、ボールを所持しながら相手を崩していく戦術になっています。広い視野とスピーディーな判断力が求められます。それを身につけていくためには、場面ごとにできるだけたくさんの情報を仕入れていくトレーニングが必要です。

例えば、オシムさんはジェフでも日本代表でもこんな練習をしていました。

まず、選手に4色や5色のビブスをつけさせます。最初は2タッチでプレー、自分と同じ色のビブスの人にはパスできない、などのルールを告げます。慣れてきたら、もらった人にはリターンパスができないというルールを加えます。なぜなら、選手はこのリターンパスができると楽だからです。最後には同じルールでかつダイレクトでパスを回すよう指示します。選手は自分の周囲にどの色のビブスの選手がいるのか、誰にパスするのがもっとも有効なのかという情報を仕入れて判断しなくてはなりません。要するに「周りを見る」ことが重要です。このトレーニングは中学年くらいから子どもたちでも同じようにできます。早くからそのような練習をすべきだと思います。

では、選手はどのタイミングで見ているのでしょうか。

以前、私はスロベニアのコーチに指導を受けたことがあります。彼は「パスが来たら、ボールが転がっている間に周りを見なさい」と言いました。多くの日本のコーチは「周りを見てからパスをもらいなさい」と言う。ここに大きな差があります。ボールが転がっている間に状況は変わるということです。

ストイコビッチ、ピクシーの現役時代のプレーをビデオで見ると、3回も見ています。自分に向かってパスが出された瞬間に1回、転がる間に2回目、コントロールしながら3回目。周りの状況を熟知したうえで、最適なプレーをするわけです。

私が行うトレーニングには、視野をもつためのトレーニングがたくさんあります。

例えば、一番入口になるものは、3人組で行うボールコントロールの練習です。ひとりがパスを出します。ひとりがもらう瞬間に、ディフェンスの子がその子の右か左に動きます。もらった子はディフェンスのいないほうへボールをコントロールする。そんなトレーニングです。ある程度やったら、練習したことを意識させながらミニゲームをするのです。

だんごサッカーは、たくさんいるなかを抜けるのでうまくなるのかもしれません。でも、目の前の人間だけをかわして、また来たらかわして、となった先にやるプレーを考えておかなくてはなりません。ですから、低学年の間に2対1をたくさんやって、シュートもあるけど、ふたりでやるので味方もいるからパスもある。「その次のプレーが見えるトレーニング」を、できるだけ早いうちにしてほしいと思います。

そうすると、何のためにドリブルをするかということを理解し始めます。2対1を1年間ずっとやった子どもたちを見ていると、ボールを持ったほうがさっと味方を探すように変わっていきます。能力のある子たちは、ちょっと一方にドリブルに行く格好をして、パスを出し始めます。目の前の相手をどこかに移動させてずれを作る。次のプレーをしやすくする。それはパスかも知れないし、シュートかもしれない。ドリブルの意味はそこにあるのです。

メッシは世界の歴史のなかでも群を抜くドリブラーです。そのメッシがW杯南アフリカ大会前にアルゼンチン代表としてうまく機能していないことがありました。そのときのメッシは非常に低い位置でボールをもらってドリブルを始めていました。ひとり、ふたりと抜いてもパスをする前に3人目にボールを奪われてしまいます。ゴールははるか遠くにあります。このときのメッシのドリブルは、ゴールにつなげるためのドリブルでもなく、有効なパスを繰り出すためのドリブルにもなっていませんでした。スーパースターでも、周囲とのコンビネーションが悪くなると、武器であるドリブルが活かされなくなるという例です。

異年齢が一緒にサッカーをするプレイパークでも、2対1を中心に練習をしています。ここでは、練習メニューを番号で呼んでいます。例えば、「ナンバー1」の練習は、ふたりでシザーズパスをしながら移動する。「ナンバー2」は2対1、というように決めておきます。次の週の練習のときは、もうメニューの説明はしません。

「ナンバー1、はい、スタート！」と私が言うと、みんなどんどん始めます。いちいち説明する必要がなく、効率よくトレーニングができます。2対1のなかでも、「こういうときは、こうして」とか「ちゃんとよく見て」などと解説しなくても、大きなお兄ちゃんと組んでいる小さな子は自分でプレーを覚えていきます。

「うまくなろうと思ったら、誰と組むと得かなあ？」と問いかけました。そうすると、子どもたちは「うまい人！」と答えます。「うまくなりたい人はいろいろ考えてください」と言います。アドバイスはそれだけです。

ある日、Jリーグのユースから上がってJFLでプレーしている選手が見学に来ました。2対1の練習を一緒にながめていて、「すごいですね」と目を丸くしています。「どう思う？」と尋ねたら、「あんななかで自分の力で覚えていったら、こんな環境で育ったら、すぐうまくなると思いますよ」と話していました。

アマチュアのトップリーグでやっている高いレベルの人間が見ても「なるほど」と思えるものが、そこにはあったのでしょう。味方をどう使うか。あるいはふたりでボールを取る場面ではどうしたらいいか。練習の設定次第で、そんなことは自然に覚えていきます。私たちが「みんなで協力して攻めなさい」などと言わなくても、子どもたちは自分の力で伸びていくのです。

小さいコートでのミニゲームが効果的

～スキル　その２　トライアングル

ここ最近、少年サッカーは全国的に11人制から8人制に移行しています。移行する間、指導者側から反発の声も少なくなかったと聞きます。目の前で8人制を見ている大人のなかには「11人制のほうが面白かった」と言う人もいます。11人制の大人のサッカーを観慣れているので、そんな感覚をもつのかもしれません。

一度、保護者も含めて、こんなことをチームでやってみてはいかがでしょうか。

あるクラブで、親子サッカーの指導で、最初に子ども対子どもで15対15の試合をしていました。私が「今度は親対子どもで試合をしましょう」と言って、子どもと親で30対30で試合をしました。そうすると、お母さんたちが、徐々に固まっておしゃべりを始めました。

試合が終わってから、保護者の方を集めて話しました。

「今日の試合はどうでしたか？　お母さんたちがおしゃべりしていても、試合に影響はなかったですよね。ということは、人数が多いと、サッカーをしなくてもよくなるわけです。それでも、試合は成立するのです。それと同じように、11人制になるとボールにさわれない子がたくさん出てきます。日本のサッカーが少人数制を採用し始めたのは、そういう理由なんですよ」

とはいえ、4年生が小学校のグラウンドで8人制をしていると広すぎると感じています。日本サッカー協会が8人制を推奨している一番の理由は「ゴール前の攻防が増える」ということなのですが、じつはいまの少年用のコートサイズのままでは、6年生が8人制でやったとしても、ゴール前の攻防は増えません。

では、世界の他の国はどうなっているのでしょう。

日本の少年サッカーのコートサイズは、11人制がゴールライン×タッチラインの想定で50メートル×80メートル、8人制は40×60がひとつの基準になっています。

近年の育成の努力が実ってW杯南アフリカ大会で若手を中心に4強進出を果たしたドイツを見てみましょう。育成システムが2学年ごとのチームで分けられているドイツでは、U12—13（日本の小6～中1）が7・8・9人制を採用しコートサイズは50×70。U10—11（小4～小5）は7人制で35×55と一回り小さくなります。U8—9（小2～小3）は5・6・7人制で35×35。小学1年生以下のU7は5人制で15×20になります（ドイツサッカー協会「Fussball Magazin」より）。

年齢が低くなるにつれて縦の長さが短くなるのは、ゴールを近くしてゴール前の攻防を増やすことが狙いなのでしょう。ドイツ在住のサッカー関係者によると、協会のルールではないもののU10—11まではタックルなどが禁止されているそうです。選手交代は日本と同じように自由です。8人制までオフサイドはありません。

イギリスは7人制と、国によって多少のばらつきはありますが、欧州では小学生年代のコートサイズは大人のハーフコートが基本のようです。また、コートにはあらかじめオフサイドラインが引いてある場合が多いです（P145【図1】参照）。なので、8人制まではオフサイドがないのです。なぜオフサイドを設けないかというと、子どもが考える時間、余裕をもって攻撃する時間がなくなるからです。

「もっと、ライン上げて！　ディフェンスラインを上げろ！」

日本で小学生の試合を観に行くと、ベンチからそんな声がよく聞かれます。前にボールを跳ね返すと、オフサイドを取りやすいようにディフェンス陣は一斉に前へ上がります。お互いにそうやってオフサイドライン（ディフェンスライン）を上げ合うので、中盤のスペースはタイトになり、攻める側の考える時間が少なくなります。そんなこともあって、欧州ではオフサイドラインが決められているのです。

さらにいえば、大人のサッカーと子どものサッカーは違うということです。大人と同じ、もしくはあまりに似た条件でやらせると、本当の意味の育成ができません。欧州の国々はそのあたりを踏まえて、さまざまな工夫をしているのです。

日本は8人制でもラインを上げろと指示しますから、欧州とは8人制でやらせる意味が少し違います。私の経験からいうと、いまの指導のままで8人制をするとしたら、小学校のコートのハーフくらいのサイズで6年生が8人制をするほうがうまくなると思います。小学校のグラウンドで50×70くらいなので、35×50くらいで行います。フットサルコートが20×40ぐらいですのでそれぐらいで充分でしょう。

小さなコートを使う理由は、ゴール前の攻防を増やす以外にトライアングルを意識させるためでもあります。サッカーに詳しい方はご存じだと思いますが、サッカーの攻撃では常に三角形を意識してプレーするのが基本になります。ボールを持っている選手に対し、最低でもふたりの選手が三角形を形成してサポートします。三角形を作ることによって、常にパスコースがふたつできるので、ボールを保持した選手はパスが出しやすく攻撃の選択肢が増えます。

小学生年代では、ボールを持ったときに意識できるのは4人が精いっぱいでしょう。8人制だと自分以外のフィールドプレーヤーは6人ですから、全員を意識するのは困難です。欧州でも、8人制の大会で8人が攻撃の場面でうまく機能している試合はありません。ですので、8対8よりも5対5や4対4が最適だと思います。

左ページ【図2】で示したように、Aの選手から見て近い味方だけでも、3つのトライアングルを意識しなくてはいけません。これが、前線にいる味方選手を含めると、どれだけトライアングルの関係を意識しなくてはいけないのでしょう。

【図１】欧州の少年サッカーのコート

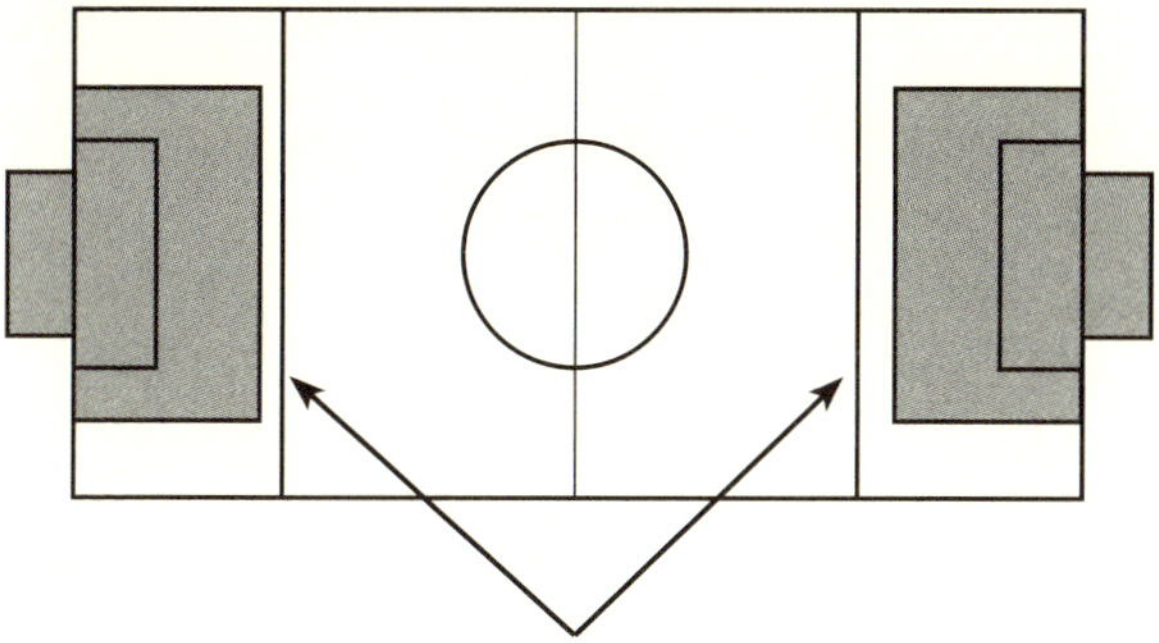

ペナルティエリアの少し前にラインが引かれている。これがオフサイドラインです。

【図２】８人制でのトライアングル

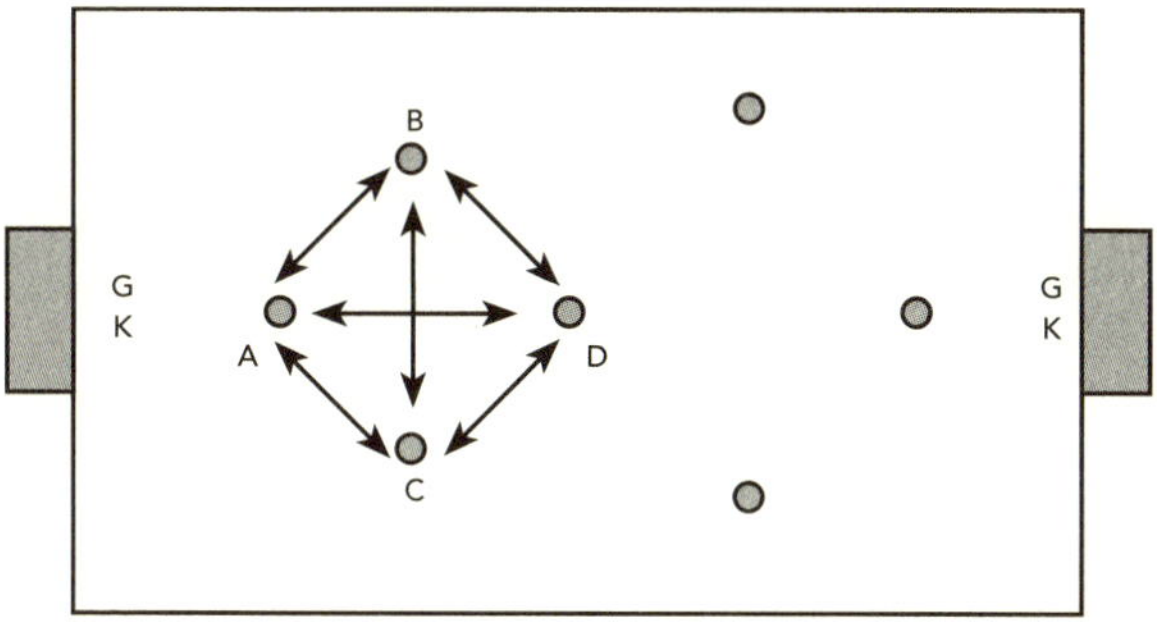

小学生年代で理解できるトライアングルの数は限られます
Ａの選手だけを見ても、Ａ－Ｂ－Ｄ、Ａ－Ｃ－Ｄ、Ａ－Ｂ－Ｃと、少なくとも３つのトライアングルを意識しなくてはなりません。前線にいる味方選手を含めると、いくつトライアングルができますか？

小学生年代で理解できるトライアングルの数は限られます。ですので、オランダでは4対4、ドイツでも5対5や6対6、7対7などの少人数サッカーを採用して工夫しているのです。

また、ドイツでは、4対4あるいは5対5といったミニゲームを練習に多く取り入れているそうです。その結果、南アフリカ大会で21歳だったマルコ・マリン、20歳のトニ・クロースという優れた若手プレーヤーが育ってきたともいえるでしょう。

さらにいえば、校庭や公共のグラウンドが狭い日本ではメリットがあります。少人数制にして小さいコートで試合を行えば、これまで1試合しかできなかったグラウンドを半分ずつ2面で使えるので同時に2試合行えます。ベンチにズラリと控え選手を並べて試合をするのではなく、各チームが複数のチームで参加できるのです。

また、前述したドイツの育成システムで、もうひとつ感心したことがあります。それは各カテゴリーでの育成の目的が明確かつハイレベルなことです。

ドイツサッカー協会発行の「Ｆｕｓｓｂａｌｌ　Ｍａｇａｚｉｎ」によると、Ｕ8—9と10—11はその目的を「技術の多様性を習得」としています。これはパスやドリブルといった基本技術を応用するという意味でしょう。キックひとつにしてもさまざまな種類のキックができることを目指しています。

もっとも驚いたのは、その上のU12—13と14—15では「サッカーの基本技術を習得」としている点です。日本で基本技術といえば「止める（トラップ）・蹴る（キックやパス）・ドリブル」です。が、ドイツの場合は例えば複数人でスペースを使って攻めることや、ボールのないところでの動きなど、全体的にプレーの幅や深さを追求していくことのようです。

16歳以上に至っては「サッカー専門の技術戦術の習得」となっており、これはいうなれば日本のJリーグの選手が目指すべき領域です。要するに、ドイツではプロ選手が身につけるスキルをすでに16歳でマスターするわけなのです。

「いや、ドイツの真似をしても」と言いたくなりますか？　世界と戦える日本代表を目指すならば、育成も世界を基準にしませんか。欧州では、本田圭佑、長谷部誠、長友佑都、香川真司らが活躍しています。彼らこそが日本選手に足りないものを肌で感じているはずです。それを埋めていく大きな要素は育成年代での取り組みなのです。

ゴールに向かって進むことを教える

～スキルその3　攻撃と守備

まず、攻撃について話しましょう。

W杯南アフリカ大会で、私たちが目《ま》の当たりにしたのはゴールに向かってなかなかボールを運べない日本の姿でした。前に向かって動きながらパスをつないでいく他の国とは、明らかに違いました。

個々の能力というよりも、それはそのまま小さいときからやっているサッカーの違いなのではないでしょうか。

日本に滞在しているバルセロナの育成コーチのトレーニングを見たことがあります。例えば、ひとりがボールを持っているとします。他の子どもたちがサポートに動きます。要するにボールをもらおうとしますね。すると、ディフェンスの緩い安全な横方向にいる選手にパスを出すと、そこでよりゴールに近い、高い位置でもらおうとした選手のほうを指さしてアドバイスします。

「よりベターなのはあそこでしょう。君がパスしたここもあるけれど、あちらならゴールにより近い。そういうところを探したほうがいいね」

日本のコーチは、まず確実に相手に奪われないところへのパスを優先しがちです。子どもには失敗してもよいので、前へ前へとボールを運ぶ。そんなプレーを心がけてほしいのですが、ミスすることを恐れているのか縦にボールを入れたがりません。サッカーはミスをするスポーツという感覚を、もっと覚えさせる必要があると思います。

次は守りです。よく守備のうまい選手をほめるときに「読みがいい」という表現をします。この「読み」は、危ない場所を素早く察知して動く能力です。私はそこが一番の問題だと感じています。

日本では、日本代表を始め、Jリーグから少年サッカーまで、ほとんどが基本的にゾーン・ディフェンスで守っています。ゾーン・ディフェンスは隣りにいる味方のゾーンの状況を感じながら、自分の守備範囲を調節しなくてはなりません。自分のゾーンしか考えていないようではできません。

相手の動きによって、自分のゾーンは大きくなったり小さくなったりします。小さくなるということはマンツーマンに近づくということ。もっとも小さくなるのは、隣りのゾーンで相手がボールを保持したときです。俗にいうボールサイドということですね。そういうことを丁寧に教えている指導者は少ないようです。なので、そこを理解していない子どもは、試合で叱られるだけです。

一方、ドイツの育成年代はマンツーマンで守ります。例えば、マンツーマンで守っていれば、隣りで守備をしている味方の相手が攻撃してきたとき、その子は間違いなくついていきます。「危ない！」と感じます。そのようにカバーすることが理解できます。相手がチャンスだと思うから来るわけです。そこを狙っているんだなということがわかる選手になってくる。そうすれば、ゾーンディフェンスに替わっても「こっちからこられたら危ない。ここがあまりにも空きすぎている」と感じてカバーに行けます。

このように、日本でも小学生時代にマンツーマンディフェンスを徹底的に経験させることは絶対必要だと思います。

勝ち負けのある練習メニューにしよう

～夢中にさせる仕掛けと工夫を

ここまで、実戦的なスキルを3つに分けてお伝えしましたが、最後に練習で子どもたちを夢中にさせる工夫についてお話ししましょう。

「うちの子どもたちは勝ちたい気持ちが見えない。負けても悔しがらない。どうしたらいいのでしょうか」

少年サッカーの指導者からそんな話を聞くことは少なくありません。いまの子どもたちは、電子ゲームで負けそうになっても、すぐにリセットボタンを押せば悔しい気持ちを味わわずに済んでしまいます。少子化で兄弟が少ないので、張り合ったりもまれることなく育ちます。運動会でも順位づけをなるべくしないやり方になっています。

日常的に、勝ち負けを繰り返していません。昔なら勝ち負けのつくベーゴマやメンコなどの遊びがありました。女の子のゴム跳びやまりつきでさえ、誰が先に一番になるかと順位づけをしたはずです。そんな遊びのなかで、勝ったり負けたりすることを経験していました。勝つこともあれば、負けることもある。そんなことを学んでいたと思います。

ミニゲームで負けてもまったく表情が変わらない子どもがいます。「悔しくないの？」と聞くと、そういう子のほとんどが「別に」と答えます。「勝ちたくないの？」「別に」

ですから、ちょっとした練習にも勝ち負けの要素を入れてください。例えば、パス練習で正確に出せたら勝ち、２対１で先に５点入れたほうが勝ち。３対３でも４対４でもそんな設定をします。練習のなかで夢中にさせるための仕掛けをしてください。

ただし、あくまでも遊びの要素として取り入れます。負けたら腕立て伏せなど、懲罰を与えてシリアスに競わせることはいけません。笑顔で練習していると「気合が足らない」という大人がいますが、そのようなストレスフルな空気のなかでやる練習は子どもが緊張するだけでスキルは身につきません。遊びで楽しく夢中にやるからこそ勝ちたいし、負けると悔しいのです。

大人だって、親子サッカーで負けて悔しがりますよね。高学年になると、なかなかかないません。そのなかで、ゴールを入れるとお父さんもお母さんも大喜びします。勝ち負けがあるから、楽しくてもっとやりたくなるはずです。大人にやらされている、言われたことだけやっているというサッカーでは夢中になれません。どうか、楽しく夢中になれる仕掛けをしてください。

勝ち負けのあるメニューにすると、時折出現するのがエゴイストな子です。第3章のチームプレーのところでひとりでドリブルする6年生の話をしましたね。自分がやりたいことをやる。自分さえよければいい。自分だけでやってしまうことは、サッカーをやる限りマイナスだということは理解してもらわなくてはいけません。

例えば、本当にみんなでチームプレーして勝ったときと、ひとりスター選手がいて優勝したチームとは喜びが違う。そんなことを話してもいいでしょう。オシムさんもいつも「サッカーにエゴイストは必要ない」と言ってました。

また、ルールをごまかして勝つこともよくありません。フェアプレーでないのもいけません。そこは指摘してください。ただし、頭ごなしに「ダメでしょう」と叱るのではなく、「いまのはフェアプレーかな?」と聞いてください。自尊心を呼び起こしてあげたほうがいいです。「いや、ちがうかも」と少し神妙な顔で言ったら、「オーケー。そうだね。じゃあ、続けよう」とまた始めればよいのです。

ある家族がW杯を観ていたときの話です。ある国の選手が、ドリブルをしている味方をマークしようとした相手選手のユニホームを引っ張りました。すると、中学生の息子さんが「引っ張るのはマリーシアだからね」と言ったそうです。「いや、そうじゃない」。観戦はそっちのけで「本当のマリーシアとは」と親子で議論したそうです。

マリーシアとはポルトガル語で「悪意」という意味ですが、サッカーでは「駆け引き」を表します。ボールをもらいに上がっていくと見せかけて、裏のスペースへ走る。パスの動作をして相手をだましてからドリブルで抜き去る。サッカーのピッチの上ではさまざまな駆け引きが出てきます。ですが、それはルールを守ったうえでの駆け引きです。そのことはきちんと伝えるべきです。

ユニホームを引っ張る子どもを黙認している指導者もいます。子どもの緩やかな成長を待てずいつも叱っているけれど、「勝つ術《すべ》」に関しては寛大だったりします。「フエアプレーをしろ」と言いつつ黙認しているのです。そうすると、先に登場した中学生のように、マリーシアを間違って理解してしまいます。

この章では、主に実戦的な練習をする効果とその方法をお話ししました。すでに長く少年サッカーの指導をされてこられた方は、多少なりとも抵抗を感じる部分もあったかと思います。反対に「明日からやろう」と思われた方もいらっしゃるでしょう。

それぞれが、ご自分のやり方を見直したり、違う視点からトレーニングを考えるきっかけにしていただけたらと思います。練習がすぐにうまくいかなくても、粘り強く試行錯誤してもらいたい。うまくいくのが練習ではありません。うまくいかないから、トレーニングに時間を費やすのですから。

中田英寿がW杯南アフリカ大会の前に、こんなことをテレビで話していました。

「日本の選手は練習ではすごくうまいのに、試合になるとできない。それがいつも不思議だった」と。

日本選手は、実戦でのひらめき、判断力、対応力が磨かれていないのではないかと感じます。国内でプレーするぶんには通用するけれど、世界の舞台では通用しなくなる。何度も言いますが、やはり育成の段階での実戦的な練習と指導を考え直すべきなのです。

「サイドチェンジ」という言葉がありますね。サッカーで言うと、違う方向から攻めましょうということです。指導する方も、保護者の方も、目指すゴールはひとつ。「子どもの成長」ですね。ゴールはそこです。みんな同じです。

でも、ちょっと違う方向から、違う道筋をたどってゴールに向かっていくとどうなるんだろう——。そんなふうに考えてみてください。

サイドチェンジをするには、視野が広くないとできません。サイドチェンジは攻撃の視野を広げるという意味も入っています。サッカーというスポーツは日々進化しています。ですので、トレーニングに対する視野を広げてほしい。そのために、変える勇気と柔軟性を、ぜひ大人がもってほしい。そう思います。

6 自治力のある子を育む

転んで泣く子をかまい過ぎてはいませんか？

自分でできることを増やす導きを心がけましょう

自発性の芽を摘まず、一人前のアスリートとして扱いましょう

感情をコントロールする力

～「負け」に対してタフな子どもにする

大阪で講演をしたときのことです。質疑応答で、低学年のチームをみている指導者からこんな質問がありました。

「勝つとすごく喜んでいるのですが、負けると、もう悔しくて悔しくて仕方がないって感じで泣き叫ぶ子どもがいるのですが、どうしたらいいのでしょう」

私は「ほっといたら、いいんじゃないですか」と笑いながら答えました。負けると悔しくて泣くのは別に悪いことではありません。ただし、すぐに気持ちを切り替えることを学んだほうがいいですね。学年が上がるにつれて、子どもは徐々に感情をコントロールできるようになりますから。

でも、終わったあとならまだしも、試合中に負けそうになるとひとりでカッカして仲間や審判に文句を言ったりする子もいます。俗にいう「キレてしまった」状態になります。すぐキレる子どもの生態をいろいろ調べているある心理学者によると、いまの子どもたちは小さいころから勝ち負けが決まる遊びをたくさんしていないためにそうなるのだそうです。

同様の話を第5章でもしましたが、いつも勝ったり負けたりがある遊びをしていると、負けても「もう1回やろうぜ」と言えるようになります。負けても、また立ち向かう意欲を取り戻せるのです。「1回負けたことが、自分のすべてじゃない」そう思えます。サッカーはミスをするスポーツですから、ミスしたことを消化するというか、失敗することに対してタフにならなくては成長できません。ミスを怖がると思い切ったプレーができませんから、安全な状況でしかサッカーをしません。よく、チャンスの場面で大人は子どもに「勝負！　勝負！」と声をかけますが、その勝負に出られなくなります。仮に勝負に出てミスになっても、絶対に叱らないことが肝心でしょう。

敗戦したあとの情景を思い出してみてください。コーチたちは敗因を探したり、頑張ってなかったとかあれやこれや言いますね。そこでようやく「解散！」と言って立ち上がり水筒の水を飲んでいると、今度は親が現れて「自分のプレー、どうだったかわかってんの⁉」などと責められたりします。高学年になると「うっせー」などと言い返すので、一触即発のただならぬ雰囲気が漂います。

子どもはいったいどこに逃げたらいいのかわからない。そのため、負けたことを受け入れられなかったり、敗戦を仲間のせいにしたりします。ですから、ゼムノビッチさんが言うように、試合が終わったらもうおしまい。大人はあとであれこれ言わない。子どもの気持ちが次のところに向かえるようにしてほしいものです。

シュタイナー教育で知られるオーストリアの思想家シュタイナーは「忘れることが大切」だと説いています。次に向かうためには、過去にとらわれない。忘れてしまって新しいことに向かっていくことが大事なのです。それなのに、多くのコーチは「この悔しさを忘れるな」と言いますね。シュタイナーは、そういった感情は子どもの精神のなかに絶対残るものだと言います。

反対に負けても悔しがらない子どもたちもいますね。そうすると、大人がキレたりします。あっけらかんとしている子どもに対して、「ちょっと負けて悔しくないの⁉」と。悔しくならない子どもにしているのは大人なのに。

勝ち負けを楽しむのはいいけれど、負けたことで自分が完全否定されるという思考回路にさせないようにしてください。負けて悔しい思いを味わっている子には「またチャレンジしよう！」と言ってあげればよいのです。

お母さんやお父さんの様子を見ていると、負けて悔しくて泣いている子どもの感情を無視してしまうことがあるようです。なぜなら、子ども以上に自分が悔しくてたまらないからです。「ほら、もう行こう」とその場から立ち去ろうとする人もいます。そうではなく、感情をただ受け止めて「次、頑張ろう」と声をかけてあげてほしい。負けた数だけ、子どもはタフになるトレーニングができるのだと考えてください。「いま、この子は学んでいるのだ」大人はそう自分に言い聞かせましょう。自分の感情や行動を自分の力で治めていく「自治の力」をつけようとしている姿をぜひ見守ってほしいと思います。

サッカー以外の日常生活でも、大人はつい子どもの感情と自分の感情を同化させてしまいがちです。昔の親は、子どもがけんかして負けて帰ってきたら「もう1回行ってこい」などと言ったりしたものです。それがよいか悪いかはともかくとして、いまは子どもとともにそこから逃げようとする人がいます。「あんな子とつきあわないほうがいいよ」折り合う方法を考えさせることをせずに、すぐにそう言ってしまう。

子どもの時間は、成長する機会でいっぱいです。親の接し方、導き方によってさまざまなことを学んでいきます。いじめられて何か言われたときに言い返せる力をもってほしいし、どうしたら解決できるかを考えてほしい。そこで子どもに付き合って気持ちを切り替えさせるには、大人自身も自治力を磨いてタフになることです。試練を「成長のチャンス」ととらえましょう。

子どもは心がタフになれば、体もそうなります。

サッカーはじつは激しいスポーツです。コンタクトプレーの連続ですね。日本リーグが「格闘技宣言。」と称して、釜本邦茂氏の筋骨隆々の上半身の写真を入れたポスターを用いてキャンペーンを行ったのが1984年でした。四半世紀以上前から、日本でもサッカーは格闘技にも似たコンタクトスポーツだというイメージは根付いています。

W杯南アフリカ大会でファイナリストになったオランダに、アヤックスという育成に定評のある強豪クラブがあります。そのアヤックスの育成のビデオを観たことがあります。そのなかに16～17歳くらいのカテゴリーの練習風景が出てきます。４対４のゴール前のシュート練習を狭いエリアでやります。

驚くことに、その練習はファウルOKというルールで行います。ファウルといっても、相手を傷つけるようなものではなく、ユニホームや腕を引っ張ったり、体を押さえるなどそういうことが許されています。４人対４人で攻め始めると、とにかくシュートへ向かいます。守っているほうは、ゴールはさせじとぶつかっていきます。とにかく大変な過激さです。

なぜなら、反則スレスレの激しいプレーはプロの世界では当たり前。トップの選手でもそういうことがあります。ファウルされて倒されても、すぐに立ち上がってボールを追いかけて得点する。そんなシーンはいくつもあります。反則されても、一瞬たりとも感情的にならず自分を見失わずにプレーを続けます。ゴールに向かっていきます。そういうタフネスを養うことにつなげる練習なのでしょう。16～17歳といえば、オランダはもちろん欧州ではプロ契約を始めるような年齢です。選手はまったく臆することなくプレーしていました。

ただし、そこではユニホームを引っ張っても、メニューが替わって違う練習になるとやりません。冷静に、使い分けができていました。

ですので、みなさんも子どもたちの自治の力を伸ばすよう接してください。例えば転んだ子をすぐに起こさないようにしましょう。ボールが顔に当たって鼻血を出すこともあります。交錯すると足を蹴られることもあります。ですが、自分で立ち上がり、また向かっていくタフさが必要です。「さあ、サッカーをしよう」と声をかけてあげればよいのです。

頭を打ったりしたら様子をみなくてはなりませんが、サッカーはときにちょっと痛いスポーツ、ミスするスポーツ、審判が絶対のスポーツ、負けたり勝ったりするスポーツ。本質を少しずつ伝えて、そのなかで自分をコントロールする術を身につけさせてください。

目標に向かって行動をコントロールする力

～勉強との両立で段取り力を養う

さて、ここから少しばかり保護者の方には耳の痛い話をしなくてはなりません。

お子さんは、サッカーと勉強の両立はできていますか？

「池上コーチ、うちの子はサッカーは大好きで真面目にやるのですが、勉強は全然やらなくて困っています」お母さんたちから、そんな話をよく聞きます。サッカーは真面目に取り組めるのに、いったん家に帰るとそれが役に立っていません。

勉強はきらいだから？　そうならば、好きになるまではいかなくても意欲的になれる方法を探さなくてはいけませんが、それ以前に「僕はサッカーだけやっていればいいや」という感覚をもってしまっている子もなかにはいるようです。これは、サッカーに限らず、野球だけ、水泳だけ、ダンスだけ、ピアノだけというように、どうもエネルギーが偏っているように感じられます。

中学生になってジュニアユースのクラブなどに入ってしまうと、そのアンバランスさはどんどん加速するようです。中学になると学習面はぐっと難しくなってきます。それなのに、夜遅くまで練習に時間を割かれ土日も試合や練習。疲れてしまい、勉強に割くエネルギーが残っていません。中間、期末テストと学習理解度を測るものがあり、全体のなかでの自分の成績を頻繁に思い知らされます。成績が振るわないまま、「もう、僕は勉強はいいや」とあきらめてしまってはいないでしょうか。さらにいえば、親の側も「高校受験しなくても、サッカー推せんでなんとかなるかも」と偏った考えになってしまっています。

サッカーでは自分で考えたりうまくなれるように工夫したり努力できるのに、勉強にはエネルギーが向かわない。自分を伸ばすためにサッカーをしているのに、学習など生活面につながっていない。例えば、プロテインは飲んでいるけれど、家でも学校の給食でも野菜や魚などをいつも残す。そんな状態と同じではないでしょうか。

本来なら、サッカーで何か目標をもって頑張れる子は、他のことにも意欲をもって取り組めるはずです。小、中学校で身につける基礎学力は、言うまでもなく将来へ向け成長するために大事な要素。どちらも両立するという目標に向かって、自分の行動をコントロールしていく力が必要です。生活時間を自分で割り振って練習の前に1時間集中して勉強する。夕方と朝に学習時間を配分する。そんな「段取り力」を磨いていかなくてはいけません。

それなのに、サッカーが勉強をあきらめてしまう理由になっていませんか。逆に、勉強がサッカーをやめる理由になることもありますね。

「君はどうしてサッカーをしているの？」

「どうして勉強しなくちゃいけないのかな？」

小学校の高学年、もしくは中学生になったら、サッカーをする、勉強をすることの意味を考えさせてください。その子にとって「意味のあること」と結論づけられたなら、具体的な目標設定をしてそこに向かえるよう導けるとよいですね。

ただし、待つことは大切です。

「勉強しないんだったら、もうサッカーやめなさい！」

小、中、高と進むなかで、この言葉を言ったことのないお母さんは稀有な存在かもしれません。でも、その一言はやめましょう。

勉強する。サッカーも頑張る。二者択一ではありません。

それについては、少年チームの指導者も意識して子どもに伝えてほしいと思います。サッカーだけじゃなく、勉強も頑張ること。家の手伝いもするし、兄弟の面倒もみる。ほかのこともちゃんとやろうよということです。家の引っ越しのため練習を休んだら、コーチから「なんでおまえが引っ越しに加わらなくちゃいけないんだ」と叱られたというケースがあったそうです。サッカーが一番大事で、身内のことは二の次。そんな価値観を植え付けてよいのでしょうか。

日本のジュニア世代は、1週間の生活のなかでサッカーの占めるウエートが大きすぎるような気がします。

例えば、欧州の子どもたちは15歳くらいまでサッカーをやるのはほとんどが週3日。あと4日は自由に使えます。勉強もできるし、そのほかのこともできる。日本は小学生だと、平日に2日くらい練習して土日も練習や試合をします。中学生になると、平日3日で土日を合わせて週に5日というチームも少なくありません。ジェフも5日やっていました。ユースの選手が海外遠征したときに「そんなに練習してるの?」と、イタリアの中学生に言われたそうです。

ただし、例外もあります。私が以前に研修で訪ねたスイスのナショナル・トレーニングセンターでは、小学生が週6日くらいやっていました。その当時12歳だった子どもたちが、2010年のU—17世界大会で優勝しました。スイスは結果がほしかったのかもしれません。集中強化で若い層に結果が出るのはよくある話です。その子たちがこのあと、どうなるかはわかりません。伸びるのか、つぶれるのかはわかりません。その国の育成は、A代表の強化につながってこそです。U—17で世界チャンピオンになったからスイスの育成をすべてよしとするのは危険だと思います。

サッカーと勉強の両立に話を戻しましょう。

日本のジュニアユースでは、選手に成績表のコピーなどを提出させるクラブは多いようです。ただし、提出させて何か指導するかといえば、別段何もしていないのではないでしょうか。まれに、成績が上がらないと試合に出さないという懲罰的な指導をするところもあるようです。決してよいことだとは思えません。

私がジェフでジュニアユースをみていたときは、テスト前の練習はお休みにしていました。選手はさまざまな中学校から来ていますから、試験期間はみんなバラバラ。なので、一番最初にスタートした選手のぶんから最後の選手までずっと休みにします。そうすると、試験が終わってからも練習が休みという子も出てきますが、「その間はいろいろなことに取り組めるよ」と話していました。

私はそのくらいの余裕をもってサッカーをやらせたいと思うのですが、選手自身がなかなか練習を休みたがりません。練習しないとうまくならない、試合に出られないんじゃないかという不安に駆られるようです。

休むことが不安なので、けがを隠す子もいます。試合中に走り方がおかしいので「おい、膝を見せてごらん」と呼んで、見たら変形し始めていました。医者に見せたら休めと言われたのですが、私たちにはそのことを隠して練習していたのです。そこで本人を説得して休ませたのですが、親御さんがやってきて「池上コーチ、休んでいる間にどんな練習したらいいですか?」と聞いてくる。「いや、休まなきゃいけないので、どんな練習もできませんよ」と話すと、親御さんも不安そうな表情でした。

要するに、保護者も追い込んでしまっているわけです。選手は常によいコンディションでいることが大切です。しかし、休むこともコンディショニングの一環なのです。わが子を応援したいのであれば、「大丈夫だよ」の一言だけでよいのです。

小学生時代から、自分で学習時間などの生活の段取りを組み立てる力をつけたいものです。けがをしたら休む。防止のためにストレッチや練習後のケアもしっかりやれる。すべて自治力です。生活のバランスをとる力を養ってほしいと思います。

「サーカスの象」のように鎖につながない

～「何が子どものためになるか」の基準をもつ

勝利至上主義など、『11の魔法』で反響のあったものをすでに紹介しましたが、じつはもうひとつあります。「自立心」についてです。

「電車に乗ったとき、切符は子どもに持たせましょう」そうすることで責任をもたせ、自立心を育てることにつながると書きました。電車の切符を「持っててあげる」と預かってしまう大人が多いからです。過干渉になって子どもの自立を阻んでいるのではないか。そんな問題提起をしました。

それを読んで納得された4年生の子どもをもつ方が、チームの保護者の方に試合などで電車移動する際は当番の親やコーチが切符を集めることをやめようと提案したら大反対されたそうです。

「失くしたらどうするのか」「移動費はチームから出ているのに、失くしたら誰が責任をもつのか」――。その方は「子どもの成長を見守る一環なのだから、失くしたらチームで負担してあげてもいいのではないか」と説明しましたが、大人による「切符集め」は続けられたそうです。「自分で改札をくぐって、自分で保管して改札を出たという小さな達成感を学ぶ機会だと思ったのですが」その方は残念そうに話していました。

ほとんどの子どもは「電車の切符は自分で持てないから持ってほしい」とは言いません。逆に小さいころから「自分で持ちたいよ」と切符を握りしめて離さなかったりします。大人と同じようにふるまいたいのです。

ところが、親の側が子どもに手を貸すことをやめられません。失くしたら再度支払う切符代がもったいないという意識もあるでしょう。ですが、恐らくそれよりも「失くしたら面倒」「恥ずかしい」といったことが理由ではないでしょうか。

切符は失くすと全額再度支払います。失くした息子さんを再び支払う際に一緒に連れて行き、「もう一度お金がかかるんだよ」と教えたという方もいらっしゃいました。「息子はすごく神妙な顔をして、駅員さんに頭を下げていました」と話していました。それでよいと思います。そうすれば、子どもは失くさないよう気をつけるようになります。それが学びではないでしょうか。

それなのに、多くの親は子どもに干渉せずにはいられません。それは小学生から中学生になっても続くようです。

中学生の大会へ行くと、試合会場へ車で子どもを送迎している親御さんは本当に多いです。たとえ、応援に行くついでだとしても、子どもは自分たちとは別行動で電車で行かせるべきだと私は思います。なぜなら、車でポンと会場へ到着するよりも試合に対する準備ができます。電車を乗り継ぎ、駅で遭遇したチームメイトたちと会場まで歩くとします。だんだんピッチが見えてくる。「ああ、今日はここで試合をするんだな」「芝生が長いな。ボールは転がるかな」そんなことを考えながら、到着するころに試合に臨む気持ちの準備がきちんとできるものです。

ジェフ時代、私は試合のときは常に「全員電車移動で最寄り駅集合」にしました。単なる現地集合にしてしまうと、保護者が車で送迎してしまうからです。加えて、路線を覚えたり、かかる時間を考えて家を出る時間を逆算するなど、段取り力をつけるよいチャンスだからです。

「でも、電車で行くと疲れちゃったりしませんか?」

「電車の乗り換えに失敗して、試合に間に合わなかったらと思うと心配なんです」

送迎する方の理由です。私は「電車で移動する。それが中学生のサッカー選手ですよ」と答えました。

加えて、クラブや強い中学校のサッカー部などで子どもがプレーしていると、親の側が「サッカーをしてもらっている」というような感覚になっていることがあります。そうすると、子どもは「(親のために)サッカーをしてやっている」というような感覚になります。期待しているから、さまざまな世話を焼く。ともすれば、甘やかすことになってしまいます。

その一方で、誰もが「子どもには早く自立してほしい」「自立心を育てたい」といった希望を口にします。

子どもを自立させることが、現代では非常に難しい作業になっているようです。

じつは単純にほっとけばよいのですが、いまの親御さんには難しいようです。一生懸命サッカーをするわが子を応援したい気持ちは、とてもよくわかります。ですが、「何が子どものためになるのか」という選択基準がぶれると、せっかく「わが子のために」とつぎ込んだエネルギーが本人の成長につながりません。かえってマイナスになってしまうこともあるのです。

「サーカスの象」という短いお話をご存じでしょうか。要約すると、このようなストーリーです。

象は、1トンくらいの重さのものでも軽々鼻で持ち上げてしまいます。ところが、

サーカス団にいる象は小さな木の杭に結びつけられただけで、おとなしくしています。
その象は小さくてまだ力も弱かったころ、太い鎖で大きな鉄の杭に結びつけられていました。どんなに抵抗しても、その鎖を切ったり、鉄の杭を引き抜いたりすることはできなかったのです。そのため、成長して大きな立派な象になっても、自分が杭につながれただけで「もうそこからは動けないものだ」と思い込んでしまっています。

「人間の多くがこのサーカスの象ととてもよく似ている」とサイト上に記している人がいました。なぜかというと、自分で自分に課した限界を超えるようなことは決してしないからです。「その人たちを縛っている鎖は、低い自己概念（セルフ・イメージ）という鎖」だとも書かれていました。

この場合のセルフ・イメージは、自己肯定感とも言い替えられます。「自分は自分でいいのだ」「自分はできる。大丈夫」そんな生きていく自信のようなものでしょう。

この自己肯定感や自信を子どもがもてるようにするためには、親が「太い鎖」や「大きな鉄の杭」になってはいけません。どうか子どもを見えない鎖でつなごうとせず、「いっぱい失敗しておいで」と自由な空間へ離してあげてください。自立心が子どもの未来を切り開くのです。

自治力という言葉で、思い出す出来事がひとつあります。

私はジェフで仕事をする以前は、大阪ＹＭＣＡでサッカーを教えていました。全国各地に支部があるＹＭＣＡでは、毎年小学生のサッカーの全国大会を開催しています。参加人数は８００人に上ります。ある時期、大会の前日に、各チームの子どもの代表者（6年生）で、大会規定について話し合ったことがありました。

例えば、あるチームは8人しか参加できませんでした。11人制なのですが、8人ギリギリで大会に来た。その場合、相手チームは何人にしましょうか。そんなことを話し合いました。じつは、その件は、毎年行われていた大人たちの代表者会議でもめてしまって結論が出ない問題でもありました。それで、子どもに一度相談してみようということになったのです。

子ども参加の代表者会議は非常に面白いものになりました。

「相手も8人にすればいいじゃないか」

「11人制なんだから、11人対8人でいいじゃないか」

「(8人のチームは)ほかのチームから人を貸してもらえばいい」

さまざまな意見が子どもたちから出されました。

意見が出尽くしたころ、8人のギリギリチームの代表者が口を開きました。

「僕たちは何が起こっても8人しかいないからさ。相手が11人でもいいよ」

その子の毅然とした態度に、私は拍手を送りたくなりました。ギリギリチームは勝つことが目的ではないのです。相手は11人でも、全力を尽くして戦おう。そんな気概が見えました。

「最初から人数が多いのはフェアじゃない。ギリギリチームと対戦するときのみ、相手チームも8人でサッカーをする」

結論はそうなりました。話し合った代表者の6年生たちの姿は「フェアにやろう」という正義感にあふれていました。自分たちで問題を考え、解決していく。子どもたちの自治の力を感じました。

試合に出られるクラブを選ぶ
～サッカーをやる理由、やらせる理由を考える

いま首都圏では中学受験ブームだそうです。難関の都立高校に次々と「都附」と呼ばれる付属中学校が開設され、中高一貫校がどんどん増えています。小学6年生の段階で難関校の中学に入れれば、高校受験をせずにそのまま高校へ行けるとあって、中学受験が過熱しているようです。

サッカーの世界にも、似たような状況が生まれています。例えば、東京都のジュニアユースのチーム登録数は、２００５年に76チームだったのが２０１０年には90チームに増えています。首都圏は他県も同様の変化がみられます。ジュニアユースのサッカークラブが年々増えるのと反比例するかたちで、顧問の先生に異動がある中学校のサッカー部は部員が少なくなっています。

クラブチームに所属するには、セレクションに合格しなくてはなりません。定員人

数はクラブで異なりますが、Jリーグ下部組織のクラブなどはおおむね1学年20数人で、ほかのクラブは30人前後から多いところだと50人前後を一度に加入させます。

毎年、早いクラブでは夏休み後の9月ごろからセレクション前に行う練習会がスタートします。その後、一次、二次、最終セレクションといったようなかたちで進みます。いわば、サッカーの中学受験のようなものです。あるJリーグ下部組織のジュニアユースチームは、20人弱の枠に500人近くが押し寄せたと聞きます。強豪クラブほど狭き門になります。

そして、私が考える問題点は、小学6年生がクラブを選ぶ基準です。子どもたちは通える範囲内で強いクラブ、成績のよいクラブを選ぶ傾向にあります。1学年50人規模のところを選ぶ場合、そのチームにいて3年間で試合に出られる確率がどれだけあるかを考えているのだろうかと私は不思議でなりません。まずは試合に出なくては、サッカーは楽しくないからです。

さらにいえば、指導者はどんな人がやっているのか、練習はどんなことをやっているのか、試合でのサッカーの質はどんなものなのか。一番大切なそのあたりのことをどうも考慮していないように見えます。

都心でよくある中学受験は、ある中学校に魅力を感じて「ここに行きたい」と1校を受験するのではなく、偏差値の高い順番に志望校を決める子が多いのだそうです。なぜなら「落ちても公立中学に行けないから」だと言います。すべての公立の中学校がそうではないのに「学校が荒れている」といったような理由で、親が懸命に入れる私立中学を探します。

サッカーのジュニアユースクラブは、まるでこの私立中学のようです。

サッカー少年がセレクションに臨む様相は、中学受験に挑む小学6年生の姿と非常に似ています。合格したなかで一番強いクラブに決める。あるいは、強いクラブに合格したらほかはもう受けません。なので、どんどん不合格になると、親も子どもも非常に焦るそうです。なぜなら、部活の選択肢がないからです。学区内の中学校のサッカー部がすでに廃部になっていたり、部活が盛んではないからだそうです。中学年代はもっとも強化しなくてはいけないカテゴリーといわれながら、まだまだ全体的に環境が整備されていないように感じます。

では、どんな基準で進むクラブを検討すればいいのでしょうか。

私は「試合に出られる機会が多いクラブ」が一番だと思います。状況が地域によって異なるので一概には言えませんが、なるべくならもっとも魅力に感じているクラブで、なおかつ適度な人数で競争相手が膨大ではなく、試合に出られそうなクラブを優先して受けるとよいと思います。

「できれば20人台でやりたいけれど、子どもが少ないとスタッフの人件費やグラウンド使用料や夜間設備の使用費などの運営費が賄えない」

クラブによっては、そんな悩みも抱えているそうです。前述したように部活への道が細くなっているぶん、クラブの負担は決して軽くなく、果たす役割は大きいのです。

私はひとりの子どもが次々とセレクションを受けることに違和感を覚えます。「絶対ここ!」という希望をもってセレクションに臨むのが一番よいと思いますが、最終的に選ぶのは子どもです。もちろん、親御さんの意見も言ってよいでしょう。「試合に出られるか、よく考えてみよう」と話し合ってみてください。

同時に、これを機会に「どうしてサッカーをしたいのか」を子どもに考えさせてほしい。保護者も「どうしてサッカーをやらせたいのか」を考えてみませんか。中学年代ではきちんと目的をもたせたいものです。3年間通わせるには、ある程度費用もかかりますし親側もエネルギーが必要です。そんなことを子どもと話し合うよいきっかけだと思います。

自治力を植え付ける順天堂大学の取り組み
～「部員数が他校の4分の1」の理由とは

選手の自治力を育てるべく、取り組んでいる大学があります。私が住む千葉県にある順天堂大学。順大サッカー部は大学サッカー界のなかでも稀有な存在です。

所属する関東大学1部は順大も含めて強豪揃いですが、多い大学は1年生から4年生まで合わせると200人以上もの部員を抱えています。そういった大学でも、もちろん先発で試合に出られるのは11人ですね。大まかにいえば出場チャンスがあるのは

20人前後でしょうか。試合のときは全体のうち10人にひとりがグラウンドにいて、そのほかの学生はスタンドにいるという計算になります。

指揮を執る監督さんは吉村雅文先生。順大スポーツ健康科学部の准教授をなさっています。私は先生からのお誘いで順大で臨時講師を務めたことがあります。2010年の夏に訪ねた際、部員数は40人台でした。もっとも多く部員を抱える大学の4分の1以下です。2年、3年と学年が上がるにつれて少なくなります。

部員が減る理由は吉村先生が怖いから？　いえいえ、そうではありません。先生はとても温厚でかつ明るく話していてもとても面白い方です。私は最初、入学する際に厳しいセレクションを実施しているのだろうと推測しましたが、それも違いました。

順大サッカー部の部員は、常に自分がなぜサッカーをやるのかということを考えるとともに、社会人になる準備をするためにサッカー部を離れるそうです。もちろん、以前から小人数だったわけではありません。吉村先生が監督に就任した2000年当初は160人の部員がいたそうです。

順大はご存じのように大学サッカー界の名門で、かつてはインカレ（全日本大学選手権）３連覇、総理大臣杯で６回も優勝していました。ところが、２部落ちこそなかったものの、入れ替え戦を２度経験するなど90年代後半から低迷期が続いていました。そこで、当時の学部長さんから吉村先生に声がかかったのです。

先生はそれ以前に、関西の同志社大学で実績を作っていました。全国ベスト８が最高だったサッカー部を、わずか２年間でインカレのファイナリストにまで押し上げたのです。

ですが、監督に任命された理由はその手腕だけではありません。学部長さんからこう言われたそうです。

「単なる強化じゃない。何とか学生が大きな力をもって社会に出ていくようなクラブにしてくれ。グローバルな感覚をもっている、幅広い視野がある。そういう人間が大学のリーダーにならなくてはいけない。そういう子どもたちを育ててほしい」

吉村先生のサッカー哲学と、人間性が評価されての抜てきだったと思います。

監督になった先生は、部員の意識改革に取り組み始めました。最初に行ったのは、個人面談です。１６０人全員とひとりずつ時間をかけて話したそうです。その間サッカーはほとんどせずに、朝から晩まで学生としゃべっていたと言います。

さて、何を話したのでしょう。それは、一人ひとりの学生たちのサッカーをする目的、大学での目標を明確にする突破口を開くため作業でした。

「大学に何しに来たの。どんな力をつけたいの？」と先生が聞くと、ほとんどの部員は「えっ？」と必ず言葉に詰まりました。

学生「ドリブルがうまくなりたいです」

先生「いや、そんなんじゃない。だって、君は試合に出られるの？」

学生「いや、そんな力はないと思います」

先生「じゃあ、なんでサッカーをやりに来るの？」

ここで、学生はさらに「うーん」と考え込みます。そこで先生は続けます。

「僕はサッカーは試合に出ることが大事だと思ってるよ。所属するチームのレベルが高いとか低いとかじゃなくて、試合に出ないと自分が何を改善したらいいのか、何を工夫したらいいのかわからないよね。トレーニングだけじゃわからないから、試合に出られるチームに入るけど」

学生「僕はここでやりたいんです」
先生「どうして？」
学生「順大というチームが好きだから」
先生「でも、サッカーは別にやらなくてもいいんだね？　好きなだけでしょ？　大学の周りにチームはあるからやっていけばいいよ」
学生「いや、そうじゃないです」
そこで先生ははっきり言います。「サッカーをやりながら成長したいと思っていないわけだよね。プレーがうまくなりたいだけなんだよね」
順大サッカー部は自分がどうなっていきたいのか、将来どうなっていきたいのかという目的を明確にしてそことリンクしていないと、とてもやっていけない――。学生は先生と話をしていると、そんなことをおぼろげながら理解してきます。毎年、新入生はこの吉村先生の面接から部員活動を開始しています。
私が思うに、恐らく多くの学生たちは単に順大でサッカーをやりたい。19歳にもなれば、自分の能力で試合に出られないことは重々わかっている。何を伸ばすかも別段見当たらない。でも、やりたい。本音の部分でいえば、卒業するときに順天堂大学のサッカー部に所属していたという形跡を残したい。ほかの大学のほとんどの学生が似たような意識なのではないでしょうか。

でも、吉村先生は、そこを許さない。さらに、上から技術レベルの序列の高い11人が試合に出るわけではないという話を学生にします。

「トレーニングを一生懸命やることに意味があって、トレーニングでできたこと、次にまた違う種類のトレーニングでできたことを構築していくのがサッカー。ただうまい選手が出るのではなく、自分たちの力で修正できるのがサッカーなんだよ」

「サッカーは足でやるスポーツだから難しい。うまくいかないときに、それをサポートしてやるのがサッカーの醍醐味だよね？　人をカバーしてやるから自分のレベルが伸びていくんだろ？　自分が一番上手にやってるぜっていう満足感よりも、人のミスから学べることがサッカーという集団スポーツのいいところじゃないか」

先生は常にそんな話を学生たちにしています。そうすると、レベルの高い子や技術の高い子以外の選手たちの目の色が変わってくるそうです。と同時に、先生が話すようなサッカーの本質を考える子が増えてくると、チームの空気が変わってきました。

就任からしばらくたったある日、ある学生が「先生、オレ、サッカーやってる場合じゃないわ」と言い出しました。順大は教員になる学生が多いのですが、その子も「別の目的を見つけた。採用試験の準備に専念したい」と決意を語りました。

現在の就職が難しい状況も、作用していると思います。このご時世では、早めに企業をまわっていかないと就職できません。学生たちは「サッカーは残念だけれども、将来のことを考えたい」とプレーを一時中断して企業回りを始めるのです。

監督就任1年目の終わりごろには、すでに半分の80人に減っていました。葛藤はあったと思いますが、学生たちは自分の意思でサッカー部を卒業していったのでしょう。そんなプロセスを経て、現在の40人台という少数精鋭チームになったのです。

一般的には、選手がたくさん集まれば、そのなかから質の高い子が出てくる確率も高くなります。けれど、吉村先生はそうやって勝つやり方ではなく、人材を育てることに軸足を置きながらチームを強化しています。２００６年はインカレ２位。16年ぶりに決勝進出を果たしました。２０１０年度の関東大学前期リーグは12チーム中６位につけています。

「学生たちがちゃんとサッカーの本質とチームと自分の目標を理解したうえで、チームを構築することが大事だと思っています。この組織が本当にいい組織になって、いい人材が出ていくことになると信じています」

吉村先生はそう話します。

私は順天堂のような大学や学校組織がもっと増えたらいいなと思います。

サッカーをする目的、サッカーの本質を理解して、自分をそこにリードしていける自治力。みなさんも子どもの自治力を伸ばすことをぜひ考えてほしいと思います。

7 伸びしろを常に想像する

「この子はここまで」のレッテルを貼っていませんか？

子どもは大人の想像を超えて成長するものです
中学年代という次のステージで伸びる姿を常に想像して育てましょう

Jユース出身のA代表はわずか10%
～日本の育成が機能していない現実

1993年にJリーグがスタート。日本のサッカーはプロ化されて18年目に入りました。Jクラブは同時にユース、ジュニアユース、ジュニアと下部組織をもちましたから、プロのクラブでの育成がスタートして同じ年月を経たことになります。

では、日本の育成はこの17年で成果を挙げているのでしょうか。

Jクラブのユース出身者で日本代表選手といえば、ガンバ大阪から出た稲本潤一（川崎フロンターレ）、私の所属したジェフで育った阿部勇樹（レスター・シティ）、森本（カターニャ）の名前が挙がります。

Jのユース出身でA代表に名を連ねた選手は、じつは驚くほど少ないのです。

詳しく説明しましょう。祖母井さんの長男志門君は浦和レッズのスタッフ（2010年10月現在）ですが、順大の学生だった2年ほど前に日本サッカーの育成を考察する研究論文を書いています。

その際に08年まで過去8年間で、各年代の日本代表選手（候補含む）がJの下部組織や中学、高校など、どこに所属し育成のプロセスたどってきたのかを調査しました。各年度で選抜される人数は、年によってばらつきはあるもののA代表でおよそ30数人。U―17だと60人ほど選ばれます。延べでおよそ1000人の競技歴をたどっています。

そのデータから、各カテゴリーの日本代表で、Jクラブのユースチームに所属する選手が占める割合をお伝えしましょう。結果は以下の通りでした。

〈各年代の日本代表でJクラブユースに所属する選手の割合／01〜08年度〉
●U―17＝95％
●U―20＝75％
●U―23＝50％
●A代表＝10％
いかがでしょうか。17歳以下の日本代表で95％もの割合を占めたJクラブユースの選手は、A代表になるとわずか10％、1割しか残っていないのです。日本代表のその

7 伸びしろ

ほかの9割の選手が高校の出身者。ほぼ高校のサッカー部で育っていました。Jクラブの育成は残念ながらまだ機能しているとはいえないようです。Jで育成に携わっていた私自身も反省しなくてはなりません。

なかには、育成費を毎年1億ずつ費やしながら、17年間でA代表のレギュラー格になったプレーヤーがわずかひとりというクラブもあるそうです。もちろん、育成は代表選手を輩出するのみが役割ではありませんが、トップ選手を育てることは間違いなく大きな目的のひとつです。17億円でひとりは、やはり寂しすぎます。

では、機能しない理由は何でしょうか。

私は、もっとスカウティングの眼を磨くことが求められると考えます。例えば、育成の担当者は、基本的に小学生の都大会や県大会などを観て試合で目立った子たちを探してきます。共通するのは体が大きくて足の速い選手。要するに早熟な子です。果たしてそういった基準のスカウティングでよいのでしょうか。機能していない事実を受け止め、方法を変えることを検討すべきだと思います。

クラブによってはU―10の10歳以下、小学4年生専門のスカウティング担当がいるそうです。そのように早熟な子を集めてくるので、U—17日本代表には必然的にJクラブ選手の割合が多くなるのでしょう。ところが、最終的にA代表にはその子たちの1割しか残りません。だとすると、本当にうまくなるポテンシャル（潜在能力）をもっている子どもたちを見抜けていないのかもしれません。

さらにいえば、各クラブが抱えているジュニアチームやスクール生からジュニアユースに上がる選手が大変少ないことも問題でしょう。あるクラブは、ジュニアとスクール生を含めて3500人もの子どもを指導しています。けれど、その次のジュニアユースでプレーを続けている子どもはごくわずかです。また、経済的な負担を考慮してか、最初からジュニアのチームをもたないクラブもあります。

体が大きくて速い選手に偏っていることも、データで明らかになっています。

Jリーグでは2002年に、J1所属選手とJクラブの14歳以下の誕生月を調査。ともに4～7月生まれは多いのに、早生まれになる3月へ向かうにつれてどんどん少なくなります。J1選手では、1～3月の早生まれは4～7月生まれの約3割しかいません。この傾向は同年の日本代表でも同じ傾向でした。

つまり、育成年代で春夏生まれの体が大きく足の速い体力のある子のみがピックアップされている証しなのです。そして、それは恐らく現在も変わっていないと思われます。

一方、同じ年のUEFA16か国のナショナルチームの選手の誕生月の分布を見ると、すべての月がほぼ変わりません。じつは、欧州では40年も前に日本と同様の問題が浮上。欧州各国で学校の年度替わりにあたる秋に生まれた選手が多い傾向が判明しました。現在の日本と同じように早熟な選手のみがピックアップされ、早生まれのタレントが埋没している問題を修正するべく、登録システムの変更や選手の発掘方法、指導法の改善がなされました。

いかがでしょう。欧州が40年前に気づき修正してきた問題を、日本はいまだに抱えたままなのです。修正が遅れてしまった理由のひとつは、93年のプロ化まで日本のサッカー界が世界に目が向いていなかったこと。もうひとつは、W杯に出て世界と戦うようになると、外国選手の体格が大きいため「もっと大きい選手を育てなくては」とさらに体の大きい子をピックアップしてきたからだと考えられます。

日本も数年前からようやく「早生まれプロジェクト」と称した改善策に取り組んでいます。例えば、国体の出場枠を学年で区切るのではなく「U―16」のように生まれ年にすれば、高1の子たちと一緒に高2の1～3月生まれの子も出場できるため、そこで早生まれのタレントを発掘できる。そんな方策です。

とはいえ、私はシステムの変更だけでなく、指導者の見る眼を変える必要があると考えます。「大きい、速い、強い」は魅力ではありますが、果たしてそれがこの年齢で必要なのかという点をもっと議論すべきです。と同時に、それ以外の能力、伸びしろを見つけ出せるスカウティングが重要だと思います。

能力を測る基準の幅を広げよう

～大人を裏切るセンス、自発性、スピリット

では、「大きい、速い、強い」以外の子どもの能力とは、どんなものでしょうか。

サッカーの指導者が集まると、その地域の選手の話になったりします。「アイツは

伸びるね。速いもんね」「体も大きいよね。楽しみだね」そんなふうに、評価をしていませんか。恐らく、春夏に生まれた早熟な子が多いはずです。

前章で紹介した順大の吉村先生は、新入生が入ってくると最初に必ずこう言うそうです。

「僕は君たちを評価しないよ。成長するヤツを使うよ。うまい選手を並べて使うんだったら、そのままコマ並べのサッカーだからね」

つまり現時点での姿で判断しない。自分で考えて伸びようとする選手を試合で起用しますよ、ということです。私も、吉村先生とよく似た視点でいつも小学生を見ています。

ですが、多くのコーチは目立つ活躍をする選手に目を奪われがちです。要するに「わかりやすい能力」しか見ていないように感じます。

6年ほど前の話です。千葉県のサッカー協会が小学生の県トレセンのメンバーを選抜する際に、ジェフの育成部から私とジョゼコーチが呼ばれて練習会に行きました。県トレセンというのは、県のトレーニングセンターで強化するために選ばれた選手のことです。

ジョゼはブラジルで豊富な指導経験をもつ育成のエキスパートです。私と彼はスタンドに座り、ビブスの番号と名前の書かれたメンバー表を見ながら「あの子いいよね。面白いね」と、選手をチェックしていました。目にとまった選手の番号に丸をつけていました。

「池上コーチ、いかがですか？」途中で、トレセンのコーチの方が近づいてきました。横から私たちのメンバー表を見ると、「おーっ」とひと声発しただけで言葉を失っています。

「どうかしましたか？」その方のメンバー表をのぞいたら、そのコーチがチェックした選手たちは私たちのものと全然違っていました。その方は不思議そうな顔で聞いてきました。

「あのう、すみません。どんなところを見ているんですか？」

私とジョゼは「そう言われても難しいね。センスですかね」と答えました。続いて「センスっていうのは、どんなものなんですか？」と聞かれたので、「いや、説明できる?」とふたりで顔を合わせながらそのコーチと3人で話し始めました。

「あちら側の選手と、その選手とを比べてみてください。どう思いますか? 違いますよね?」

私が指さしたひとりの子は、確かにスピード豊かで随所で目立ちます。もう一方の選手は荒削りでミスが多いように見えますが、時折ズバッと速いパスを出すなど意外性のあるプレーをしていました。

私たちが選んだのは「いま、考えてるよね、あの子」「ファインプレーしたいと思ってるよね」というような子。あるいは「ほほう、そんなところでそんなプレーが出せるんや」と見ている側が予想したプレーをしない子。いい意味で大人を裏切ってくれるセンスにあふれた子でした。

一方、ほかのコーチたちは、目立つ子をチェックしていました。大きい、速い、うまい選手ばかりです。「その年代で戦える選手」という基準でまとまっているようでした。ですので、異なる視点で見ている私たちのメンバーリストとはまったく違っていました。

私とジョゼが「この子、このなかじゃナンバーワンだね」と二重丸をつけた子に対し、多くのスタッフが「どうしてアイツがいいんですか？」と首をかしげていました。「いや、あの子、ちゃんと教えると面白くなりますよ。いまはちゃらんぽらんに見えるかもしれないけれど、そこを修正できるように育てたら変わるかもしれないよ」そう話しましたが、私とジョゼのナンバーワンは結局リストから外されました。

指導者は、子どもたちのいまの姿だけしかどうも見えていないようです。あるいは「コーチにはそれぞれ好みがあって、選手の見方は違って当たり前でしょう」とおっしゃる方もいます。それを完全には否定しませんが、もう少し見るところの幅を広げて考えてほしいと思います。

「見る幅」とは、例えばこのようなものです。

ある日、ほかの選考会で、サイドバックの選手に高いポテンシャルを感じました。集散が速く、よくボールを取りに行きます。相手のボールに必ずといっていいほど足がかかっている。ほかの選手より飛び出すのが一歩速いのです。要するに読みがいい。これは空間認知力といって、サッカーではすごく大切な能力です。この子がボールを扱う技術をつけたら？　体力をつけたら？　きっと面白い選手になるだろうと思いますが、多くの指導者はボールを扱うテクニックを見るので、そのような能力をもっていてもあまり注目されません。

ただし、空間認知力が伸ばせないのかといえば、決してそうではありません。ジェフ時代に、中1の練習でそんな力を育てる練習をしていました。「抜かれてもいいから、相手の足もとに飛び込んでごらん」そう言って、ミニゲームなどをやらせます。いつ飛び込んだらいいか、どんな間合いならボールにさわれるか。自分で考えさせながら、そのタイミングを見つけ出せるよう指導します。そうすると、間に合わなかったり、相手にかわされても抜かれても、何度もトライする子が出てきます。そんな子は小学生のころから、いつも自発的にプレーしてきた子です。

話を元に戻すと、中学年代以降でも能力は身につくとはいえ、小学生の時点でもっている能力にもっと目を向けてほしいということです。

前述したように、一番見えやすいのは体格、スピード、技術や体力ですね。けれど、サッカー選手として考える力や自発性、スピリットという気持ちの部分をどう見るかということも判断材料に加えてほしいと思います。

順大の吉村先生はこう言います。

「子どもがどれくらい頑張ろうとしているのか、何を考えているか、何を考えようとしているのか。そんな姿勢の部分を見抜ける力のある指導者が少ないのではないか。目の色を変えてボールを追いかけている子のほうが、間違いなくうまくなる。ボールを一生懸命さわろうとする子のほうが絶対うまくなる。そういう部分を見ずに小学校低学年で選抜チームを作るようなことをしても育成にはならない」

まさにその通りだと思います。そのためにも、こちらが見る視点を変えて子どもの内面を深く観察することが大事です。

スピリットでいえば、例えば負けず嫌いな子。やられても、やられても向かっていける強さをもっているか。加えて、体の大きさ云々ではなく、仮に小さかったとしてもコンタクトプレーを怖がらないか。少しでも接触すると自分から倒れて審判にファウルを要求するようなプレーは覚えてほしくありません。相手に押されても、顔をゆがめることなくプレーを続けられるか。そんなところも見てほしいのです。

欧州の育成事情を知る方によると、その時点ではあまり目立たない子の名前がスカウティングのテーブルに上がるそうです。いかに深いところでポテンシャルを見ているかがうかがえます。

以前、メキシコのある強豪クラブの育成担当者が日本に来て、Jリーグの研修をしてくれました。下部組織の選手をスカウティングする際一番のポイントは「年齢にかかわらず、攻撃的センスのある選手。どのポジションでも攻撃的なスピリットをもった選手」ということでした。チームのコンセプトがしっかりしていました。

また、アルゼンチンのサッカー界も非常に熟成された育成システムをもっています。若い選手がどんどん変貌していくことを熟知しています。なので、毎年セレクションをして、8歳から16歳くらいの選手を10数人入れ替えるクラブもあるそうです。

伸びしろを大切にする3つの心得

～いろいろなポジションを経験させる

育成に長く携わっている人々と会うとこんな話になります。

「面白い選手がいないね」「なんかね、個性がないというか、枠にはまりすぎてるっていうか……」

多くの子どもは大人のサッカーを教え込まれているので、教科書通りのプレーをする傾向があるようです。ボールもきれいに回る。けれど、見ている側からすると面白いサッカーではありません。自分のアイデアでプレーする賢い子、「お、アイツ頭いいね」と思わず唸ってしまうような子がいません。

なぜそうなってしまうかというと、いま主流になっているポゼッションサッカーを、指導者が教え込んでいるからではないでしょうか。選手が自分で考えるのではなく、あらかじめコーチに指示された形で攻める。そして、勝手にそこからはみ出してしまうような子は最初から起用されません。

ともすると、はみ出した子はチームメイトからまでも「勝手にやるなよ」と叱られてしまいます。人と違うことや自分らしさを出すことが許されないような空気を、大人が作り出しているような気がします。そのようにして、子どもたちの伸びしろを断っていないでしょうか。

伸びしろを大事にするには、日頃から以下の３つのことを心がけましょう。

まず、ひとつ目はプレーの自由度を狭めないことです。

４年生の試合で、ワンツーパスをしている選手を見つけたあるクラブの代表格のコーチがこう言ったそうです。「ワンツーなんかやっても失敗するだけでしょ。いい気になってるんじゃないよ」

ヒールキックやオーバーヘッドキック、アウトサイドキックなどが「なめたプレー」と称され、否定されることがままあります。「おまえ、ヒール（キック）なんか百年早いんだよ」と叱られたりします。プレーの自由度が狭められているうえに、ミスすると怒られるので子どもは徐々にチャレンジしなくなります。

ふたつ目は、早くからポジションを決めずにいろいろなところを経験させること。

私が以前教えた中学１年生で、体が大きくてスピードがあり性格も真面目な選手がいました。小学生ではずっとセンタフォワードをやっていたようですが、私はいろいろなポジションをやらせます。ある日、その子を試合でボランチに置いたら、労をいとわず守備をするので火消し役として非常に力を発揮しました。将来的にこのポジションでもっと伸びるのではないか。私はそう考えました。

ところが、本人は違いました。「ボランチはやりたくありません。僕はフォワードなんで」と、かたくなに、フォワード以外のポジションを拒みました。

小学生でさまざまなポジションを経験することは多くの利点がありますが、その子の可能性を増やすことも大きなメリットです。オランダのアヤックスでは、7歳から3つのポジションができる選手を育てるというコンセプトがあります。それなのに、大人がそこを理解していないと、子どもも「自分はこのポジションでやるんだ」と思い込んでしまいます。

あるチームで常にトップ下を任されていた子は、地域のトレセンの試合でセンターバックを命じられ「僕はトップ下しかできません」と断ったそうです。ボールをコントロールしてパスを出すか、自分でゴールに向かうプレーしかできなかったので、トレセンのコーチは守備を経験させたかったはずです。

また、チームの構成上、伸びる可能性のあるポジションではなく人の足らないところでプレーさせるケースもあります。「センターバックでやらせると次につながるかもしれないけれど、点を取るにはあの子はフォワードにしよう」そんなふうにしがちです。さらに困ってしまうのは、お父さんコーチが自分の息子を自分の希望だけで前めの位置をやらせたり、逆に周囲に遠慮して攻撃的なセンスのあるわが子をキーパーにしたりすることです。

保護者になるとそこにもっと感情が加わってきます。中学年くらいで中盤の選手に試合でサイドバックをやらせたら、応援に来ていたその子のお母さんがどこかに消えてしまいました。あとで聞いたら、「うちの子、バックをやらされて……」と涙ぐんでいたそうです。

私も保護者に抗議を受けたことがあります。「池上コーチ、うちの子はどう考えても中盤の選手ですよ。どうしてバックなんですか」言葉を重ねて説明しましたが、なかなか納得していただけませんでした。

日本はフォワードや中盤など、攻撃的なポジションが人気のようです。反対に、欧州の子どもたちは、センターバックやボランチなどの名プレーヤーをリスペクトします。ドイツでの一番人気はゴールキーパーです。背後からチームをコントロールし、ファインセーブをする凄さを子どもたちが知っているからです。

3つ目は、子どもの未来を決めつけないことです。

試合をながめていると、ときにベンチからその子の能力をネガティブにとらえた指示が飛びます。

「おまえは（チャンスボールを）蹴れないんだから、早くパスしろ」「ボール持てないんだから早く出せよ」「そんなところに飛び込むな。体が小さいから無理」

プレーそのものを否定するにとどまらず、選手自身のポテンシャルを否定しているように映ります。サッカーに限らず。これが日本のスポーツの現状ではないでしょうか。「この子はここまで」と決めつけるのではなく、一人ひとりを認めませんか。サッカー協会も「リスペクトプロジェクト」として啓発活動をしています。

「あの子はこれからどう伸びていくのかな」コーチも保護者の方も、子どもの伸びしろを常に想像してほしいと思います。

できない子ほど丁寧にみる欧州のコーチ

～少年コーチの使命は能力の底上げ

私の講演会を主催した団体の担当者から、こんなメールをいただきました。

「池上さんが指導している姿を見ていると、子どもたちの力を信頼しているのがわかります。ほとんどうるさく言いません。できていないことが、池上さんにとって不安じゃないのですね。いずれできるようになる。そんなふうに子どものもっている力を信じているのだなと感じました」

いずれできる。そう思えるのは、私の30年に及ぶ指導体験からくる自信なのかもしれません。でも、それだけではありません。もうひとつ、子どもをリスペクトし、どの子も丁寧に指導することが、少年サッカーのコーチの使命だと考えるからです。

「教えていると、コーチの力量ってなんだろうなって思うことがあります。ダメな子はいくら言ってもダメだし、伸びる子は放っておいても勝手にうまくなったりします」

あるコーチがそう漏らしたことがあります。本音ともいえる素直な言葉です。ある意味、日本の指導者の思いを象徴しています。

なぜなら、欧州の少年コーチは、このコーチが言うようなダメな子、つまりできない子ほど非常に丁寧に教えます。ドイツ、フランスとさまざまな国の指導者を見てきましたが、彼らはそんな子に練習でくっついてまわります。「いまのはどうだったと思う?」「こういうやり方もあるよ」「今度はこうしてみたら」対話をしながら、じっくり指導します。

彼らはそうやって、できない子を減らそうと努力しているのです。底上げをして、組織の力を高めることで個々が伸びる。それを知っています。あるいは、そのような価値観をもつよう、指導者として教育されているのでしょう。できない子を決して切り捨てたりしません。それが自分たちの役割であり、使命であることを知っているのです。

私もそんな使命感を携えたコーチでありたいと思います。

およそ2年半前に『11の魔法』を上梓して以来、全国各地から講演や講習会の依頼が舞い込むようになりました。私の考え方や指導の方法が少しずつ知られるようになると、それに対し一部のサッカー関係者は抵抗感を抱くようでした。

「でも、池上さんはJリーガーを育てていませんよね」と言われたりします。私が指導した小学生でプロになった子はいません。Jリーグのユースでプレーした教え子は何人かいます。が、そのことを声高に言うつもりもありません。プロを育てた結果がイコール、コーチとしての能力であると判断することに疑問を感じるからです。

一方で、「池上コーチと出会ったことで、人生にすごくプラスになってるよ」と言ってくれる子はたくさんいます。そのような「結果」のほうが、指導者には必要なのではないでしょうか。

私はいつも「この子をこうしたい」ではなく、「どう育つのかな」と子どもを見てきました。いつも新しいトレーニングを出してきて「これでやってみよう」と練習します。そこにまたひと工夫して「こうしたらどうかな？」と新しい要素を加えます。その繰り返しで、少しでも子どもが伸びるような指導を心がけています。欧州のコーチたちのように日本のサッカーを底上げできるよう、グラウンドに来た子全員を平等に教えます。

子どもは簡単にはうまくなりません。だからこそゆっくり教えるべきなのですが、次々とカップ戦や大会に追われる日本では照準をそこに合わせてしまいがちです。厳しい言い方ですが、私たち指導者は無意識のうちにできない子を切り捨てるような環境にしてしまっているのかもしれません。すでにお話しした「僕がいたら邪魔になるから」とサッカーをやめていった子も、そのような環境のなかではじき出されてしまったといえるでしょう。

日本は欧州と反対に、エースと呼ばれる子やうまい子をつきっきりで教えたりしますね。でも、レギュラーでない部類の子どもに対して丁寧に時間を割いて指導しているでしょうか。みんながいつも何かに追われている。生活全般も、サッカーも、急いでやりすぎてはいないでしょうか。

さらにいえば、文化の違いもあるのでしょう。ドイツなどは電化製品でも車でも、物を大切にして長く使います。コンビニエンスストアのようなお店に行って瓶を差し出すと、ジュースを入れてくれます。使い捨ての容器を使う場合よりも料金を少し値引きしてくれるのです。

海外やJリーグで活躍している選手たちの誰もが、少年時代にすでに抜きんでていました。テレビなどで小さいころプレーしているビデオ映像が紹介されたりしますが、すぐに特別な存在だったことがわかります。これは私の想像ですが、彼らは突出していたためコーチはプレーについて、ほぼ本人に任せていたのでしょう。そんな環境のなかで、彼らは自分で考える力、自治力とさまざまな力を獲得していったのだと思います。

ですので、どうかいろいろなことを子どもに任せてください。

いまの大人は、子どもが自分でできるはずのことをなかなか任せることができません。電車の切符、忘れ物、朝起床することさえ手伝います。「任せていたら、できないから」と。

口出しや手出しすることが過度になると、子どもは自分で考えなくなりますね。

例えば、中学生くらいになると、雨の日は晴れている日とは違うスパイクを履くことがあります。ある雨の日、1年生の子が試合前に取り換え式のポイントのスパイクを履こうとしていました。取り換え式はスリッピーな天然芝のピッチには有効ですが、その日の会場は堅い土のグランド。田んぼのように雨水がたまった状態でもないため、それを履いても意味がありません。なので「替えなくてもいいよ」と言いました。ところが、その子は履き替えるのをやめません。

「お父さんが、雨の日はこっちを履けと言ったんで」その子の父親はサッカー経験者でしたので、アドバイスをしたのでしょう。

「おまえね、自分で考えないといけないよ」と私は話しました。

大人が手を貸さずに子どもに任せてあげると、子どもは自分でいろいろなことを考え出します。例えば、試合をするにあたって「ポジションはどうする?」と尋ねると、子どもたちは真剣に考え始めます。

日ごろからなるべく全員に出場機会を与えようとしているチームであれば、子どもたちはいい加減には決めません。前半なりが終わったところで、「でも、それだとあの子があんまり出られないからダメなんじゃないか」といった正義感も出てきます。もともと人間がもっているものですね。そういうものが見えてきます。毎回でなくてもいい。子どもに任せてみてください。

ある若いコーチが話していました。

「試合にまったく出さない子がいるっていうことは、指導者自身が試合に使える子を育てられていないってことです。じつは天に唾しているというか、そういうことですよね。もしくは全員を伸ばそうとしていないことになりませんか」

その通りだと思います。

環境を提供する側、選ぶ側の価値観を重ねる
~勝つことより、育てることを誇りに

ここまでお付き合いくださったみなさんは、恐らくサッカーの指導に携わっている方か、サッカーをする子どもを支えている保護者の方が多いと思います。サッカー以外のスポーツにかかわっていたとしても、コーチか父母のどちらかではないでしょうか。

そこで、最後に指導者と保護者の関係の話をします。

少年サッカーのクラブや少年団で指導をされている方は、チームを強くすることで子どもが集まってくるとお考えかもしれません。Ｊクラブにも、その年代ごとのチームで結果を出すことで優秀な子どもが集まるという考え方が根強いようです。

しかし、これからは「チームを強くする」「結果を出す」ことで子どもを集めるという過去のやり方は通用しなくなると思います

なぜならば、Ｊクラブのユース出身者がA代表に少ない現実、誕生月の問題をかんがみると、日本の育成はうまくいっていない。じつは、さまざまな側面で転換期にきているのではないでしょうか。

もちろんＪクラブだけの問題ではありません。地域で強豪クラブといわれる少年サッカーチームを巣立った子の多くが、Ｊクラブの下部組織に所属していますね。ということは、少年サッカーも変わらなくてはならないということです。

つまり、大会の結果ではなく、子ども一人ひとりの伸びしろを大事にできるクラブや少年団に変わってほしい。育つ場を提供する側として、勝つことよりも育てること

を誇りにしてほしいと思います。

そして、保護者の側もチーム選びの際、単に強いからという理由で子どもに選ばせるのではなく「育ててくれるかどうか」に価値基準を置きませんか。そのチームが育てることに軸足があるかを見てほしいのです。

育成の環境を提供する側と、環境を選ぶ側。両者の価値観が「子どもの未来を育てる」という部分で重なり合うようになれば、この国の日本代表はもっと強くなるに違いありません。

例えばJクラブは、ジュニアのカテゴリーにベテランで育成に精通したコーチを置いたほうが成果を得やすいと思います。さまざまな選手の伸びていくプロセスを見ている年長者のほうが、子どもがどう変わっていくかが見えます。なおかつ、余裕があるので焦らずに指導できるはずです。

欧州でのコーチ留学から戻った若手コーチに「おまえはスクールで勉強してこい」と言って、小学生を指導させるという話を聞いたことがあります。でも逆です。海外でコーチングを学んできたスタッフには、サテライトや若い選手を指導させたほうがよいでしょう。

育成は非常に時間を要する作業です。何らかの成果や手ごたえを得るには時間がかかると思います。少しでも焦れば、選手に対して必要以上に厳しくなりがちです。構築してきたものは、小さい子が遊ぶ積み木のようにすぐに崩れてしまいます。

ましてや、育成の成果をトップチームの戦力として反映させていくには、時間とエネルギーを要することでしょう。

ですが、みんなで取り組んでいけば、いつか実を結ぶのではないでしょうか。

オシムさんの言葉を思い出してください。

スポーツは育てるもの。

そして、そのスポーツもまた、育てられることを必要としています。

日本のサッカーを、育てなくてはいけません。サッカーを育てることは、そのままあなたの子どもや教え子を育てることにつながります。

それによって、私たちが熱狂したあのW杯の舞台で、日本代表がもっともっと輝く日が来るのだと私は信じます。

エピローグ　子どもとともに成長しましょう

『サッカーで子どもをぐんぐん伸ばす11の魔法』——

ある日、インターネットで初めて自分が上梓した本の題名を検索してみました。

驚きました。「恥ずかしいけど、誰も見てへんし」とつぶやいて。ブログや書籍を販売するサイトの声欄に、さまざまな感想が綴られていました。

喜んでもらえてよかった。少しでも、子どもを伸ばせる大人が増えてくれたらいいなと思いました。

その『11の魔法』では「子どもを伸ばす大人の姿」を示しました。そして第2弾となる本書は、「話を聞ける子」「走れる子」といった私が願う子どもに成長のゴールを置き、伴走する大人がどうしたらいいのかを具体的にお伝えしました。

なかでも、自治力というゴールは子どものすべてが集約されたものだと思います。サッカーはチームでやるものだと理解し、そのなかで自分の役割を見つけ出す。仲間に声をかけて励まし、自分のわがままを我慢する。そういった自分で自分を治めていく力をもつ子が増えると、日本のサッカーのみならず社会さえも変えるエネルギーになるのではないでしょうか。

7つのビジョンを描き実践することは簡単なことではないでしょう。でも、大人も自治力を磨いてほしい。子どもとともに成長できる。それはすべてのスポーツのもつ力だと思います。

最後に、8年もの間、大阪と千葉の遠距離家族の私を応援してくれる連れあいと娘たちへ。本当にありがとう。

みなさんの自治の力と成長を信じて。

池上　正

好評発売中！

サッカーで子どもをぐんぐん伸ばす11の魔法

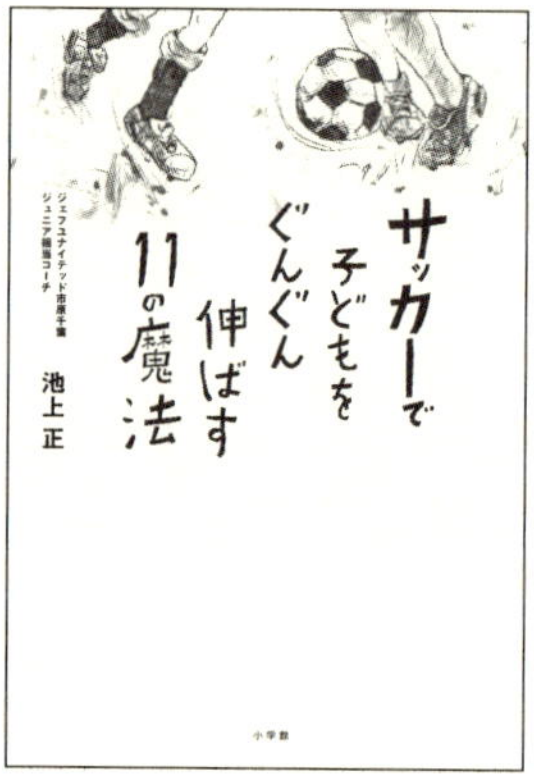

池上コーチの指導の特長は、
「子ども自身に気づかせる」こと。
本書では、大人がかまいすぎて子どもの気づく機会、
考える契機をいかにつぶしているか、
その現状を指摘するとともに、
ではどうすれば子どもたち自身に気づかせることが
できるのか、そのコーチングテクニックをこれまでの
指導方法を交えながら具体的に披露していきます。
子育ての極意満載の書。

『サッカーで子どもをぐんぐん伸ばす11の魔法』
池上正・著　定価¥1365（税込）　小学館刊

［著者］
池上 正 いけがみ・ただし

1956年大阪生まれ。大阪体育大学卒業後、大阪YMCAでサッカーを中心に幼年児や小学生を指導。02年、ジェフユナイテッド市原・千葉に育成普及部コーチとして加入。同クラブ下部組織の育成を担う。03年より小学校などを巡回指導する『サッカーおとどけ隊』を開始、千葉市・市原市を中心に190か所に及ぶ保育所、幼稚園、小学校、地域クラブなどで延べ40万人の子どもたちを指導した。10年1月にジェフを退団。同年春より「NPO法人I.K.O市原アカデミー」を設立。代表としてスクールの運営や指導、巡回指導、指導者講習会、講演をこなすかたわら、千葉大学教育学部、東邦大学理学部、東京YMCA社会体育専門学校で非常勤講師を務めている。08年1月に上梓した自身初めての著書『サッカーで子どもをぐんぐん伸ばす11の魔法』（小社刊）がベストセラーになる。『ジュニアサッカーを応援しよう！』誌上等でも育成に関するアドバイスを行っている。

［構成］
島沢優子 しまざわ・ゆうこ

フリーライター。筑波大学体育専門学群卒業後、英国留学を経て日刊スポーツ新聞社東京本社勤務。スポーツ記者として、ラグビー、サッカー等を取材。98年よりフリー。雑誌等で子育てや教育関係、スポーツノンフィクションを中心とした執筆、企画の立ち上げから構成までを担う本作りなど精力的に活動している。著書は『33歳からのハローワーク　アタシ探し　シゴト探し』、構成者として携わった『親子再生　虐待を乗り越えるために』『小学生ママのしんぱい百科　家庭編』『サッカーで子どもをぐんぐん伸ばす11の魔法』『横綱大鵬　晩節のかがやき』『信じて根を張れ！　楕円のボールは信じるヤツの前に落ちてくる』（いずれも小社刊）などがある。

構成　島沢優子
装丁　阿部美樹子（気戸）
装画　宮澤ナツ
写真　志賀由佳
情報協力　大門学（ドイツ在住）

edu book

サッカーで子どもがみるみる変わる7つの目標《ビジョン》

2010年11月20日　初版第1刷発行

著者　池上正
発行人　黒笹慈幾
発行所　株式会社 小学館
〒101-8001 東京都千代田区一ツ橋2-3-1
編集03（3230）5470
販売03（5281）3555

印刷所　株式会社 美松堂
製本所　株式会社 若林製本工場

ISBN978-4-09-840120-8